高情绪价值

石海梅　著

海洋出版社
北京

图书在版编目（CIP）数据

高情绪价值 / 石海梅著. -- 北京 : 海洋出版社, 2024. 8 （2024. 11 重印）. -- ISBN 978-7-5210-1292-7

Ⅰ. B842.6-49

中国国家版本馆 CIP 数据核字第 2024J4U650 号

高情绪价值
GAO QINGXU JIAZHI　石海梅　著

策　　划：朱　敬
责任编辑：刘　斌
封面设计：张心怡
插　　画：杨思雨
制　　作：梁雅琪
责任印制：安　淼

海洋出版社　出版发行

网　　址：www.oceanpress.com.cn
地　　址：北京市海淀区大慧寺路 8 号
邮　　编：100081
印　　刷：咸宁市国宾印务有限公司
经　　销：新华书店
版　　次：2024 年 8 月第 1 版　2024 年 11 月第 2 次印刷
开　　本：880mm × 1230mm　1/32
印　　张：7
字　　数：150 千
定　　价：49.80 元
发 行 部：010-62100090
总 编 室：010-62100034

序一

请你先找个放松的姿势坐着，保持轻松自然的状态，看着这段文字，跟随着我一起感受。

我请你跟着我们一起踏上一段很棒的旅程。在旅程中，不论你是什么性别，你会从自我开始，途经情场、职场、家庭、人际关系等，一步一步实现自我人生的终极目标。

你会在这段旅程中找到平和、愉悦，以及发现情绪与自己的联结，找到调适情绪的方法，创造属于自己的情绪价值。

借由旅程的成长与蜕变，你会发现其实自己本身就拥有实现情绪自由、创造情绪价值的能力，而且远远比你想象的还要容易且高效。

“情绪价值抵万金”，提供情绪价值的能力，就是你在完成人生各种使命时最重要的软实力。

石老师根据多年的心理咨询及实务经验，总结出常见的创造情绪价值的核心方法，并深入提供实践技巧。从底层逻辑出发，建立认知，辅以实例，不仅能让你明白怎么做才能让别人觉得跟你相处时舒服，还能让你知行合一地调整自己的认知和行为，从而收获创造情绪价值的能力。

认识石老师多年以来，她总是能不断地带给我新的感受，同时我也见证了她的成长。在日常工作中，无论接触对象是什么年龄阶段的人，石老师都能给对方提供高质量的情绪价值，并给予对方高度的疗愈成效。

如今，我很骄傲地向各位推荐《高情绪价值》这本心理学科普实用手册。它将是一本帮你从根基开始，扎实地提升情绪劳动效能，并收获高情绪价值的必备工具。

美国西南大学教育总长

蔡仲淮

序二

情绪，每时每刻都在。

情绪价值，无形之中影响着我们的每一份体验、每一个决定、每一个当下，组成了我们的人生长河。

即如当下，读着《高情绪价值》的每一段文字，我如徜徉在花海之中，春风扑面，花香氤氲，感受人间静好，岁月绵长。它让我升起对过往每一份情绪的感知与敬意，并且对未来、对世界充满希望。

与海梅老师深度接触多年，我深刻体验到了“所写即所思，所思即所得，所得即所为，所为终所写”。

海梅老师能很容易地融入团队、群体之中。无论是孩童、长者，还是有缘相遇的每一个人，甚至家中的宠物猫——铁锤，都是海梅老师的忠实“粉丝”。

她一直走在学习、分享心理学的路上，深知是其内在笃定、灵动、祥和、静谧、温暖的情绪能量在支持着每一个个体，并提供高维的情绪价值。

《高情绪价值》即将与读者见面，甚是欣慰。

这不仅仅是一行行的文字，更不仅仅是情绪的记录和表达，更多的是认知的扩容、理念的升维、生命品质的升华。

祝福有幸遇到的每一位朋友：得之幸之，幸之所幸，活出幸福的模样！

感恩信任，是为序。

静待花开心理平台联合创办人

张曰杰　李玉秀

前言

当第一缕晨光照进心灵的窗扉，我在文字的海洋中启航。在这段漫长而又充满发现的旅途中，我试图捕捉那些无形而又强大的情绪价值，它们如同星辰般点缀在人类的内心世界，指引着我们的每一次抉择与行动。这本书，便是我对这些隐秘之光的追寻与记录。

近年来，人们对心理健康的关注度日益提高。从个人、家庭到学校，乃至各种大大小小的团体与组织，都在寻求如何提升自我、追寻更健全的精神。

情绪，这个看似简单却复杂无比的存在，它不仅构建了我们的内在体验，更影响着我们与他人、与社会的相互作用。在写作本书的过程中，我逐渐领悟到，情绪不仅仅是个体的体验，它还是一种能量，能够转化为推动我们前进的动力。“情绪价值”这一概念更是开始走进了大众的生活之中。同时，“情绪劳动”的概念也应运而生。

在多年的心理工作实务之中，众多的来访者总是会反复地出现关于情绪价值的困惑，也会迷失在情绪劳动与情绪价值的矛盾与冲突的旋涡之中。

我回顾自己的成长历程，发现自己一直都具备给身边的人提供情绪价值的能力。这在无形中造就了我自身的闪光点，也是我在成长旅途中，能帮助自己战胜各种困难与阻碍的能力之一。让自己全身心投入心理学的学习及实践之中，在教学辅导、个案咨询和生活的变化中发挥情绪价值的重要性，是我的核心目标。

在一次偶然和蔡仲淮老师的深度交流中，我醍醐灌顶，萌生了《高情绪价值》这本书的框架。书中的每一个章节，都是对情绪价值不同维度的深挖。从情绪的本质谈起，分析了情绪与认知、行为之间的关联，以及情绪如何在不同文化与社会背景下展现出独特的价值。接着，深入探讨了情绪在个人成长、人际关系乃至职场中的关键作用。每一页，都承载着我对情绪的深层次的理解和追求。

在写作的过程中，我也在不断地自我反思与实践。我意识到，要真正理解情绪价值，不仅要在理论上进行研究和阐述，更要在生活中去体验、感受。于是，我将个人的感悟与案例融入文字之中，希望读者能够在阅读中找到共鸣，也能够在自己的生活中发现情绪的力量。

美国心理学家戴维曾说："情绪是我们获得勇气、毅力、幸福和成功的关键因素。"情绪价值就像一把钥匙，你只有足够真诚，才能打开别人的心门。否则，即使你说的话再对，也会被隔绝在门外，徒劳无益。

在这个快节奏的时代，我们常常被负面情绪所困扰，但在书中，我强调每一种情绪都有其存在的意义。学会接纳并合理引导情绪，不仅能够帮助我们更好地应对生活中的挑战，还能够让我们的生命更加丰富多彩。那些被认为情绪稳定、心态好、人缘好、家庭幸福、各方面都很优秀的人，都具备了一个共同的特质：高超的提供情绪价值的能力。

这本书言简意赅地从自我、爱情、职场、人际交往、家庭这五个人们常关注的领域，逐一列举了智慧重构的策略。它会重构人们的认知，让自己能够真正做到为身边的人提供情绪价值。同时，这本书也是我对情绪价值探索的一个里程碑。我希望通过这些文字，能够触动你的心灵，让我们一起走进情绪的世界，发现那些隐藏在日常生活中的宝贵财富。在情绪的光影中，我们或许会迷失，但更多时候，我们将找到通往自我成长与和谐相处的道路。愿这段旅程，对你我而言，都能成为一次心灵的洗礼，一场情感的盛宴。

在本书付梓之际，我衷心地感谢所有支持我、关心我、帮助过我的人。感谢我的研究生导师蔡仲淮博士，无数个日夜手把手地指导，以及提供各种写作方法和思路的启发。感谢张曰杰老师、李玉秀老师以及家人给我提供的建议和意见，使本书更加完善，也坚定了我分享心得的创作动力。感谢知名出版人王可飞先生、朱敬女士的专业指导和帮助，以及各位编辑老师们的辛勤努力，使本书能够更专业、更高效、更高品质地完美呈现。

最后，愿每一个人都能唤醒自己的情绪价值，时时拥有温暖、快乐、稳定的情绪，满怀热情地去奔赴山海，静待花开，享受人生。

目录

第一章 能提供情绪价值的女生，把人生过成爽剧

直接表达爱，不让人猜猜猜 / 2
嘴甜心暖，办事更圆满 / 8
爱他就不要给他太多负面评价 / 15
别总指望别人给你提供情绪价值 / 21
总说分手，会消磨他的爱意和尊重 / 28
会吵架说事，不会吵架伤情 / 34
会分享才是最高级的浪漫 / 41

第二章 关注女生情绪感受，赢了爱情也赢了生活

爱讲道理很容易招人厌烦 / 48
关注细节，积极回应 / 54
陪她做她喜欢的事 / 59
表达幸福感也能让她幸福 / 65
学会制造惊喜，而不是惊吓 / 72
爱她就敢放飞她的梦想 / 78
别怕，你的错我来扛 / 85

第三章
用情绪收益撬动资源，让事业风生水起

精准响应客户的所需所求 / 92
真诚赞美同事，巧妙表达“嫉妒”/ 99
勇敢承认对手的闪光点 / 104
合作时，主动与人同频 / 110
给下属造梦，不如为他圆梦 / 116
做老板，得有情绪承载力 / 122

第四章
日常交际，多点理解就多些和谐

给得意的人展示的机会 / 128
读懂糟心人的不易 / 134
开朗的人可能很孤独 / 140
尊重内向人的个性 / 146
留情面就是留转机 / 151
聚会不冷场 / 158
说服要懂顺势思维 / 163

第五章

温暖有爱，家和才能家合

夫妻轮流低头才不会走散 / 170

人都有洞穴期，允许他独处 / 177

唠叨的爸妈，要的只是倾听 / 182

当弱者，成就孩子的强者梦 / 189

在妈妈和老婆中间只传好话 / 194

各退一步，姑嫂也能如姐妹 / 200

会捧场，婆媳就不用互相迁就 / 206

第一章
CHAPTER ONE

能提供情绪价值的女生，把人生过成爽剧

生活中，最让人为之着迷的女生未必是最美的，也未必是能力最强的，而是能为人提供高情绪价值的。她们不但能自我温暖，还能营造正能量场，总是能理解和回应他人的情感需求，为他人创造积极、愉快的情感氛围。在这样的能量场中，她们自身也得到了滋养和成长，内心会极为自信平和，能把人生过成爽剧。

直接表达爱，不让人猜猜猜

古早的言情剧，男女双方明明已经情投意合，但男方不挑明，女方又矜持，大家都含蓄委婉。你一个动作，我要猜猜猜；我一个眼神，你也要想想想，彼此暧昧，互生疑虑。如果再有第三者、第四者、第五者参与一下，就更是误会丛生，两个人还谁也不解释，于是别别扭扭、拉拉扯扯好几十集，让人看着憋屈窝火。

当代女生活得就洒脱多了，很多女孩都喜欢直接表达，喜欢就说喜欢，不喜欢就说不喜欢。这样坦诚的方式，既容易拉近彼此的距离，同时还能为对方提供高情绪价值，也避免了很多没必要的误解和麻烦。

>> 情景剧

雯雯向好朋友青青诉苦：

经常和男友吵架，总是感觉男友不理解自己。

大家一起出去吃饭，男友从来没有点过她喜欢吃的东西。

过生日她想要一个礼物，暗示了很多次，但男友就是不能领悟。

男友说错了话，她已经沉下脸了，但是男友就是无知无觉，还在那里自说自话。

最后雯雯委屈巴巴地说："我觉得他就是不爱我。我可怎么办啊？我要不要分手？呜呜……"

青青打断她说："那我得跟你分享一下我和男友在一起的快乐，让你大痛大苦一下，看看你有没有觉悟。"

"我和男友一起出去吃饭，我会直接告诉他，我喜欢吃什么，不喜欢吃什么，有些禁忌他必须记住，比如我讨厌牛羊肉，但有些喜好则无所谓，记不住也没有关系。"

"我不强求他很用心地观察我，记住我的一切喜好和禁忌。我们相互送礼物时，会直接问对方想要什么，这样双方都省心省事，还皆大欢喜。"

"如果男友说错话了，我会直接告诉他，你这句话让我很伤心，以及为什么会让我伤心。这样他就明白我的情绪在哪儿。我不会摆脸色让他猜自己哪里错了。我男友特别愿意和我在一起，因为和我在一起，他没有压力，没有负担。"

雯雯听完这番话后若有所思。

快节奏时代，"你来做，我来猜"那一套已经不适用了。因为男生的思维方式本来就和女生不同，他们看到的更多的是事情对错，而女生更侧重情绪感受。本来就是两个频道，若大家都有话不直说，彼此都费尽心思地去琢磨对方，猜对了就欢喜，猜错了就紧张，把双方都弄得很疲惫。这样，很快就会把感情消磨殆尽。

人海茫茫，彼此相遇，这是多么美好的缘分，大家一起去享受更多的快乐不好吗？为什么一定要“犹抱琵琶半遮面”呢？

常见误区

很多女生之所以不愿意直接表白，是因为有这种错误心理：他如果真的爱我，就会留心我的喜好，根本不用我过多表达就能知道我想要什么，他连我想要什么都不知道，如何证明他爱我呢？

有这样想法的人，对爱情过于理想化。要知道爱情并不是一种完全的心灵感应，即使两个人感情深厚，也不能保证完全理解对方的想法和需求。每个人都有自己的思维方式和表达方式，有时需要直接沟通才能更准确地传达自己的心意。因此，即使对方爱你，也可能无法完全猜透你的心思。

爱情是需要双方共同努力和维护的。如果你一直不愿意直接表达自己的需求和感受，那么对方可能会感到困惑和无助，不知道如何更好地爱你。直接表达爱，可以有效减少沟通成本和感情内耗，反而有助于情感融洽。

那么有人会问：暗恋期，要不要直接表达呢？

一般来说，暗恋大多会被拿来献给青春岁月。因为一万个人的暗恋也未必能等来一个惊喜表白，暗恋约等于错过。爱情那道门非常奇妙，有时候所有人都看透了暗恋人的心思，唯独被暗恋的人却还是糊涂的。也许，他就是在装糊涂。

看看这些年的热播剧里，2005 年轰动亚洲的《恶作剧之吻》、2015 年的热播剧《何以笙箫默》、2017 年的《致我们单纯的小美好》，剧情都是女生直接表达爱意。难道不美好吗？

在暗恋中，直接表达本身就是对对方的欣赏和爱慕，这是一种变相的赞美。一般来说，对于那个自己喜欢的人，我们都会自带滤镜。而努力追求的过程，就是在展示自己的真诚和明确的态度。主动接近的同时，也可以通过很多语言和行为提供更多的情绪价值，使对方在沟通互动中得到情绪收益，这样不仅给了双方互相了解的机会，还能让对方产生愉悦的感觉，愿意打开心扉，和你交往。

当然，直接表达也需要艺术，那么，如何才能在直接表达中提高情绪价值呢？

高情绪价值做法一：直接表达 + 细心关怀

我注意你很久了，现在非常明确我喜欢上你了。

配合行为：

送上为他准备的食物或者饮品。（记住，所准备的物品都必须是通过观察或者走访明确为他所喜欢的）

真诚和坦率是直接表达爱的关键，只有真心实意地表达自己的感情，同时也让对方看到自己对他的真心关怀，才可能打动对方。

高情绪价值做法二：积极互动 + 真诚赞美

主动发起约会或活动，增加彼此的互动机会，可以是一起看电影、共进晚餐，或者是参加共同感兴趣的活动。在适当的时候，给予对方真诚的赞美。

具体句型：

◎每次和你聊天都觉得很愉快，你总是能带给我新的想法和感受。

◎我真的很欣赏你的才华和品质，你是一个很特别的人。

◎和你在一起的时候，我感到特别开心和安心。但是我感觉你今天心情不太好，愿意和我说说吗？（记住，只有非常熟悉的人才能说这样的话）

互相了解的机会越多，才越容易打开对方的心扉。

进入热恋期后，就更要直接地表达爱。上面的两种模式也适用于热恋期，能使恋爱的保鲜期更长。除此以外，还可以使用下面的模式。

高情绪价值做法三：创造惊喜 + 深情表白

有你在我的生活中，我觉得特别幸运和幸福。

配合行为:

在合适的时机，进行深情表白，可以是面对面的直接表达，或者是通过书信、短信等方式传达自己的心意。还可以在特殊的日子或场合，为对方准备惊喜，比如，生日时送上一份精心挑选的礼物，或者纪念日时安排一次浪漫的约会。

主动表达爱并不会让女生失去被爱的机会，相反，它可能会增加女生被理解、珍视和被爱的可能性。一个真诚、贴心而认真的女生，会给男生无限的安全感，让男生觉得温暖。

解锁情绪价值新内涵

不管是暗恋还是热恋中，直接表达都能为对方提供高情绪价值。直接表达提供的情绪价值包含被欣赏的自豪感、被爱着的幸福感和态度非常明确的安全感。

女生爱自己最好的方式是给自己创造一个爱的能量场。爱了就大胆表达出来，营造好关系，拉近两颗心之间的距离，降低沟通成本，减少互相猜忌，让爱与被爱互相滋养。

嘴甜心暖，办事更圆满

嘴甜的女孩往往能以她们温暖的话语和真诚的赞美，为周围的人带来阳光般的能量。无论是在商业谈判中，还是在亲密关系里，抑或是在日常交往中，她们都擅长用微笑缓解紧张，用温暖化解尴尬，与她们相处，总是能获得愉悦的体验。

>> 情景剧一

女孩第一次见男友父母，一开始双方都很拘束。女孩瞥到客厅里男友妈妈的照片，赞美了一句："阿姨真时尚！"

男友妈妈："这是以前拍的老照片了，那时候看着真年轻，现在老了。"

女孩："我还以为是现在的照片呢，我看照片和您现在一样啊。那说明您的生活质量很高，心态也很好。"

男友爸妈听完都笑了，男友妈妈还打开了话匣子，说了好多自己的故事，气氛变得特别融洽。

听到这样的话，谁的嘴角不会翘起来呢？这是一个非常简单的情景对话，谁都可以复制，而且通常都会奏效。

相比男生来说，女生更注重情绪体验，说话、做事也更愿意为人提供高情绪价值，让人获得好的情绪体验。

常见误区

有一些人把嘴甜理解为会哄人。其实，会哄人不等于能提供高情绪价值，嘴甜也有层次之分。只会简单赞美，也许能提供情绪价值，但并不高。

◎你真帅气（漂亮）!

◎你太棒了，将来肯定能大展宏图！

◎你很优秀，能超越很多人！

每句话都是“好词好句”，之所以说它们层级低，是因为这种赞美非常单薄，很大众化，夸谁都合适，但夸谁谁都不当回事，因为他们知道你夸得很浮夸。

那么，什么样的嘴甜才能提供高情绪价值呢?

高情绪价值做法一：列举具体事 + 赞美

有针对性地赞美，要比只说好词好句更高一个层级。

◎你这么穿真好看！你本身白，这件白衬衫衬得你更显气质。

◎你订的旅馆真好，住得很舒服，我非常喜欢。

◎你老板把这么重要的事交给你，看来很倚重你，你真棒！

这样的夸赞有一个潜台词：我真心在关注你，并且真的赞赏你。这是一种真诚温暖的互动，除了关注和赞赏，还有鼓励、支持、理解、信任、崇拜、体贴等情绪，这些都是正面反馈。听的人会产生这样的感觉和心理：我被关注着，我能让我周围很多人、很多事获益，我是很好的人。

高情绪价值做法二：赞美第三方，明贬实褒，询问式

不着痕迹地赞美，又比有针对性地赞美高一个层级。

◎这孩子真有教养！

◎他这人就是轴，交给他做事，不做到最好他就没法停下来！

◎办公桌上的这个发箍也太漂亮了，这是谁的？

第一句话不光赞美了孩子，也赞美了孩子的父母和家庭。第二句话先说对方轴，看似批评，实际上却是赞美这个人非常负责任。

第三句话最妙，不仅是赞美发箍漂亮，也是赞美选择发箍的人有品位，这是第一层妙。结尾用了一个疑问句，证明我不知道你是谁，我是就事论事。如果是无心发问，这样的赞美也能结善缘。如果是有心发问，即我知道这是你的才有此一问，这就在表达我能发现你的美好，这是第二层妙。如果还是向第三方发问，就不光让你知道我很欣赏你的眼光，同时也愿意把你的品位广而告之，这是第三层妙。

从这里就可以看出，嘴甜可不只是简单地说好词好句，这里面的门道值得研究。

>> 情景剧二

林黛玉初进贾府时，王熙凤一出场，先是陪哭，再细细观察一番林黛玉，然后送至贾母身边坐下，接着笑着说："天下真有这样标致的人物，我今儿才算见了！况且这通身的气派，竟不像老祖宗的外孙女儿，竟是个嫡亲的孙女，怨不得老祖宗天天口头心头一时不忘。"

这话说得非常高妙：一赞林黛玉，二赞贾母，三把贾母嫡亲的孙女——元春、迎春、探春、惜春全都赞到了。同时，还把贾母对林黛玉的疼爱也传递给了她，让林黛玉感受到温暖，不再拘谨。

另外，高级的赞美还可以配合神态或者动作。比如，说赞美的话时，同时展现满眼的欢喜、脸上不经意间露出笑容等。这些其实都是在表达赞美和欣赏。而且越是不经意间说的话或者流露出的神态，其赞美越深入人心。

情绪价值还有一个等量代换公式：

情绪价值 = 社交价值 = 信息价值 + 资源价值 + 经验价值 + 金钱价值

这是个社交时代，随着信息技术的快速发展和社交媒体的普及，人与人之间的连接方式发生了深刻变革。社交已经不只是人与人之间的交往，它成了商业、生活、个体自我价值的总和。拥有高社交价值，人生会更顺畅，生活也会更游刃有余。

社交价值包括金钱价值、信息价值、资源价值和经验价值等。在生活中，我们是不是经常听到这样的话："因为是你，我才愿意借你钱""这个事，一般人我不告诉他""换一个人来，这个东西我就不能给""这是我多年积累的经验，也就是因为和你好，才会跟你说"……这些话里都有隐藏价值，当我们始终能为别人提供高情绪价值，并能因此获得别人的喜欢和信任时，别人就愿意为我们提供信息价值、资源价值、经验价值以及金钱价值，当然也包括情绪价值等。

>> 情景剧三

张然是广告设计师，刚进公司时，和策划师刘琦分到了一个组。有些项目需要两个人搭档一起去现场考察，再共同给出设计方案。每次张然找刘琦，刘琦都拖拖拉拉，有时候干脆就不见人影。张然很生气，但她知道生气解决不了问题，有些工作总得两个人一起做。

于是，张然就开始发掘刘琦的优点，还经常赞扬他：

"这么小的细节您都看到了，这个可是关键突破点。"

"我觉得您脑中有一条非常棒的思维路径，您能说说吗？我也想学学。"

“您看到客户的眼神了吗？对您是满满的崇拜。我上次参加他们的公开会，老总说您这个提案能使他们那条生产线增值25%，25%啊！这也太厉害了！”

久而久之，刘琦越来越愿意和张然一起工作，他还主动把自己的经验写成一个笔记，分享给张然。张然说：“这个价值太高了，您免费给我吗？”

刘琦说：“我感觉你值得。而且咱们是一个小组，你经验提升了，我们小组的工作效率也会跟着提升。”

很多人把嘴甜理解为单向的付出，这种观点是错误的，情绪价值是一种双向交换。也就是说，提供高情绪价值是一个交换概念，它之所以能让交流双方都能愉悦，是因为懂你所求，知我所有，用我所有给你所求。当你满足了对方的情绪需求时，对方才会认同你，进而愿意和你进行价值交换。至于交换什么，交换多少，就要看双方的意愿，还有对所交换资源价值的判断。说得通俗点，就是“有钱难买我乐意”，只要我乐意，我可以免费给你很多。

所以，嘴甜能促进和谐，心暖能让事情圆满。

解锁情绪价值新内涵

按照情绪价值公式，嘴甜能为人提供情绪收益，让人体验到愉悦、舒适、情绪高涨等感觉。当对方有了这些感觉，他会不自觉地做两件事：愿意和嘴甜的人在一起，愿意向她分享信息、交换社交价值。

爱他就不要给他太多负面评价

爱情是美好的，但也可能令人疲惫，这是很多女生的想法。但其实爱就是对自己一颗真心的交代，它本来不会令人疲惫，如果你只看心里的爱，那么你即便累也是快乐的。只有在你看的不是爱本身，还用错误的方式给爱增加负重时，你才会觉得爱情令人疲惫。

>> 情景剧

一大早，妮妮和盛霖就又吵起来了，原因是盛霖没有刮胡子就要出门。妮妮皱着眉头说："你怎么能这么邋遢呢？早晨洗脸都不照镜子的吗？"

盛霖没有吭声，进卫生间去快速刮胡子了。今天是他发表提案的关键日子，一个清爽的形象也能加分不少，他很赞同妮妮。

盛霖整理好后出来，见妮妮正坐在门口的凳子上，一脸不耐烦地说："为什么不快点啊？我都等你多久了？刮个胡子需要那么久吗？马上就要迟到了，我还想让你给我看看这把伞怎么了呢。"

盛霖连忙拿起伞看了一下，发现是伞轴卡住了，便说："下班回来我给你弄好不好？咱们现在赶紧出发吧。”

妮妮一听就不乐意了：“你不知道我怕晒啊？现在就弄！不就是把这个伞骨一拉就好了吗？”

盛霖没办法，只好找了一把工具来修，可是半天都没修好。妮妮不耐烦了：“你怎么那么笨啊？就这么点小事都做不了吗？”

盛霖说：“你觉得是小事，那你来弄。”

妮妮皱起眉头喊道：“我来弄？那要你干什么？”

盛霖也生气了，说：“我难道就是一个为你修伞的？”

妮妮更委屈了：“你一个大男人，连一把伞都修不了，你还能干啥？你还冲我吼？你有吼我的功夫，这伞早修好了！”

盛霖更气了：“你真是不可理喻！为什么你看到的总是我的负面，和你在一起，我真是觉得每天都被人捆绑着，真受不了！”

妮妮夺过伞，大哭起来：“你走！你根本就不爱我！我不过是让你给我看看伞，你就这么吼我！”

盛霖气急了，摔门走了。留下妮妮一个人坐在门口哭泣。

妮妮非常渴望被爱。她希望盛霖注重形象，一直保持清爽的感觉；她希望盛霖做事能跟上她的速度，不要影响她的节奏；她希望盛霖像超人一样，做什么都能手到擒来；她希望盛霖脾气温和，一直能温柔地和她说话；她希望……可她所有的希望都落空了。她一直挑爱情的刺，一直在唠叨、指责，为盛霖提供的全都是负面情绪，导致盛霖最后气急，摔门离开。

妮妮在做什么呢？用指责给爱做减法。

常见误区

有些女生内心比较消极，看到周围到处都是负面场景，于是一说话就是负面评价，特别是在对待自己的爱人和亲人时，经常会口无遮拦，无所顾忌。

◎你怎么那么笨，什么都做不了！要你何用？

◎我当年真是瞎了眼，怎么就看上你了？

◎我今天听见谁谁谁又升职了，你什么时候能让我听到个响动啊？

◎都怪你，要不是你，咱们也不会变得这么糟！

◎你是不是这辈子找我报仇来了，怎么让我难过怎么做？

上面这些，满满的都是打压、指责、抱怨，还有恶意揣测和阴阳怪气。爱人之间本是这个世界上最亲密的关系，但如果经常出现这样的对话，那就不是亲密，而是痛苦，甚至是仇恨了。

除此以外，还有一些女生总是想要说服对方，或者说控制对方，于是也会说很多负面评价。

◎你自己啥样心里没数吗？自己做不好就不能听劝吗？

◎你就不能让我省心一点吗？

◎没有脑子就不要装精明，又没有人给你开工钱！

◎我对你没别的要求，就老老实实听话照做就好！

像这样的负面评价就更严重，而且往往是以高高在上的姿态，俯视另外一个人。这些话给对方的不只是压力，而是压迫和束缚。这样的对话，估计说话的人也已经不指望创建好关系了。但其实如果你真不喜欢一个人，觉得他各方面都不够好，那你最好的做法是直接远离，而不是一边离不开他，一边又对他施行各种打压。这样其实也是对你自己的不尊重。

那有人问了，如果对方做错了，或者做得不够好，难道也不能给对方指出来吗？当然不是，其实这种时候也能提供高情绪价值。

高情绪价值做法：肯定 + 建议

◎没做成？没事，你做了这么多，太辛苦了。这个本身就很难做，特别是这个地方容易出错，错了就会前功尽弃。我当初也是费了很长时间才领悟到一些小窍门，你要不要听听？

◎没升职？相信我，那是你上司的损失，凭你的经验和能力绝对能胜任高一级岗位。升职评价一般会涉及主观、人为因素，结果本来就很难确定。所以，我刚才突然出现一个想法，你的上司会不会非常关注这个地方，而这个地方恰恰是你没关注过的？

听到负面评价时，我们的潜意识会不由自主产生对抗的情绪。在给对方提出意见前先肯定，能抚平对方的心，避免相互对立。当心情和顺了，人通常会愿意接受别人的意见。

需要注意的是，如今这么多媒体平台，“你什么地方都好，但是……”这个句型已经广为流传，很多人习惯于不听正面评价，而直接等“但是”后面的句子，这时候也很容易让对方产生对抗情绪。那怎么办呢？这时候就要求我们的正面评价一定要中肯，能切中要害，让对方获得心理满足。

在第一个句型中，“你做了这么多”“太辛苦了”“这个本身就很难做”这些都容易抚平对方因为没有做好而受挫的心理，让对方心理得到满足。

在第二个句型中，“升职加了主观因素”也能抚平对方因没升职而引发的懊恼，还会引发他思考那个主观因素的问题，使他很顺滑地愿意接受后面那个想法。使用这样的句子，不但不会引发争吵，还能很容易说服对方。这就是情绪价值的艺术。

解锁情绪价值新内涵

在任何关系中，提供高情绪价值都不是只压抑自己的个性，也不是一味地提供正面评价。当对方说错做错，或者有改进的好方法时，我们也可以直接表达。只不过我们要记住情绪价值是一个双向概念，要保证我们的输出能被对方接纳，那就要先让对方产生愉悦的情绪体验，放下对抗的心，主动进入你的频道。这时候，不管你是提出意见，还是小小地批评一下，对方都会更愿意接受。

为对方提供高情绪价值，可以简单理解为先安抚好对方的一颗心，让它安定平和下来，心安定了，对方才能主动打开自我，向外做连接。这时候他才能进入你的语境，对于你的建议、意见等，才会心甘情愿地接受。

别总指望别人给你提供情绪价值

谁不喜欢言谈举止中始终能照顾到别人的情绪的人呢？但这个世界上不是所有人都上过情绪价值这门课。受环境和性格影响，有的人说话做事要么很直接，要么很消极。如果过于关注对方提供的情绪，不管是在一段情感中，还是在普通的人际关系中，我们都会显得特别被动。

女生天生有更细腻的情感特质，因此，通常更容易察觉到他人的情绪变化，自己的情绪也很容易受到外界的影响。如果总是有受伤的感觉，那就要警醒了。

>> 情景剧一

这段时间，欣梓越来越觉得舍友美玥不喜欢她，主要的证据是美玥记不住欣梓的生日，到现在都不知道欣梓上的课程名称，而且说话也很少考虑欣梓的感受。

当欣梓好不容易抢到了演唱会的门票，激动地大叫，还抱住美玥时，美玥只是淡淡地说："哦，买到了。"

欣梓有些失落，连抢到门票的兴奋劲儿都淡了。美玥倒也感受到了欣梓情绪的变化，还问："你咋啦？是没钱了吗？"

欣梓说："没事，我有钱。"于是美玥就不再理欣梓了。

假期，欣梓找了一家驾校学习，在那里认识了一个学员，那个男孩很喜欢欣梓，开始追求她。欣梓也很喜欢这个男孩，但对方工作的城市已经定下来了，而欣梓很不喜欢那座城市。所以欣梓很苦恼，她就问美玥该怎么办。

美玥非常不理解她纠结什么："谈啊，能谈多久是多久。"

欣梓说："可是如果感情好了，将来却分居两地生活，那岂不是很痛苦？"

美玥就朝她翻了个白眼："你怎么那么多事啊。痛苦就分，喜欢就处。多简单！把自己弄得跟言情剧女主角似的，婆婆妈妈。我最不喜欢你这样了，都还没开始呢就杞人忧天，活在当下不好吗？"

有一次，两人一起出去吃饭，欣梓还在问美玥想吃什么时，美玥就已经在手机上下完单了。欣梓终于忍不住了，问道："你为什么不问问我的意见？"

美玥很诧异："嗯？不是你经常跟我说你最喜欢这家店的这道菜吗？"

欣梓看到美玥点的菜的确是自己喜欢的，可美玥没有事先询问她，这还是让她感觉很不舒服。

不能说美玥的情商低，但她在这几个情境中的确有伤害欣梓的成分。作为旁观者，我们可以清晰地看出来，美玥的性格有点大大咧咧，但她并不是故意冷淡、疏远欣梓，相反她的思维明晰、行为果断。她的喜好和美玥不同，所以没法理解一张演唱会门票对美玥的重要性；她说话直接，不大考虑欣梓的感受；她做事干脆，觉得对就不再反复印证，而欣梓则更含蓄委婉，需要有一个过程。

深刻剖析一下我们就会发现，欣梓需要的是美玥给她提供情绪价值。她需要美玥记住对她来说很重要的事；她需要美玥有同理心，能在她高兴的时候也替她高兴；她不希望美玥直接评价她“怎么那么多事”，那让她很受伤；她希望美玥能经常问问她的意见和感受。

要说美玥不喜欢欣梓，美玥可能也会很委屈。她能注意到欣梓情绪低落，能记住欣梓说过的美食，能给欣梓很重要的人生意见。两人不是闺蜜、夫妻、母女，美玥没有责任时时刻刻都照顾到欣梓的情绪。相反，我们可能会觉得欣梓有一颗过于敏感的心。

这里有一个公式：

情绪成本 = 寻求情绪价值的行为 × 情绪敏感度（%）

当我们过于敏感时，向外寻求情绪价值的行为相对会增多，而这种行为越多，交流场中的情绪成本就会越高。你不舒畅，对方自然也没法舒畅。

换句话说，我们之所以能向外提供高情绪价值，是因为我们内心足够强大，我们能先安抚自己那颗心。

常见误区

有些女孩会过度解读对方的语言和行为，并因此扰乱自己的情绪，不愿再持续输出正向情绪，最终导致交流出现阻碍。

经典小心思：

◎他这话什么意思，是不是针对我？

◎他为什么情绪不高，是我做错什么了吗？

◎我说话，他为什么不看着我，这是对我的不尊重！

情绪不稳定的原因之一，就是过于在乎对方的每一个小动作或话语。我们要时刻觉察自己，学会控制自己对对方的期望，保持自己的独立性，不要期待对方总是能满足自己的情绪需求。那么，具体应该怎么做呢？

高情绪价值做法一：自我认知 + 边界感

◎别人的评价不等于我自己，我要学会认识自己。

◎他这些说辞和行为表现的是他的个人素养，不是我的。

◎这个人的喜好、性格和我的都不一样，在具体事情上的感受也不同，我不能受他情绪的影响。

我们要时常反思自己的情绪来源和触发点，了解自己的情绪变化规律。同时，要有边界感，不要把别人对自己的评价与自己等同起来。主动规避不良情绪对自己的影响。

高情绪价值做法二：远离不同频的人 + 寻找同频的人

先观察：

◎他始终没法和我同频，我和他在一起常有负面情绪。

◎他以前从没有看向我，我努力了很久，他依然没看向我，我感到很受伤。

观察后就要采取行动，对于一直给自己带来负面情绪或令自己很受伤的人，一定要远离他。世界上有各种各样的人，有些人你是温暖不了的。即使不能彻底分离，也要与他们保持一定的距离，避免过度投入和纠缠。同时要注意，多找一些和自己同频的人，通过互相提供高情绪价值来疗愈自己。

>> 情景剧二

李俊很帅，薇薇费了很多心思才追到了他。

两人交往一年，薇薇发现李俊似乎对她做的任何事都不感兴趣。

两人一起看电影，薇薇想交流一下观后感，李俊经常说“这样吗”“你怎么那么想”“忘了”……

两人一起吃饭，薇薇评论某道美食，李俊总是不咸不淡地说“哦”“是，可能是”“没觉得”……

两人一起逛街，薇薇喜欢的东西，问他好看吗，他连看都不看，就说“好看”。

一开始薇薇以为李俊就是做人呆板，可两人一起参加朋友的聚会时，她发现并非如此。有个女生在谈论某道美食时，他居然长篇大论地说了一通全国美食地图，让薇薇极为震惊。

有个男生谈论一部电影，他也是从历史说到文艺，而当初薇薇和他讨论这部电影时，他什么都没说。薇薇明白了，李俊的眼里、心里都没有关注过她。

回家后，薇薇就和李俊分手了。

我们不必向外寻求情绪价值，但也要注意，不是所有人都值得我们向他提供高情绪价值。对于那些不尊重自己、和自己不同频的人，不必牺牲自己去迎合他。

女生的心理独立往往比经济独立更为关键。当我们能够客观公正地看待自己，就能在各种交流场合中保持情绪稳定，无需依赖外界的情绪价值。我们可以将自己置身于不断给予自我能量的场合中，从而持续地温暖和滋养自己。

解锁情绪价值新内涵

在任何交流场合，我们可以向外提供情绪价值，但不能向外寻求情绪价值。当我们过分期待他人的赞美、安慰或鼓励等情绪收益时，我们可能会变得过于敏感和脆弱。一旦他人无法满足我们的期望，我们就可能感到失望、沮丧甚至愤怒，这反而会提高情绪成本。

一旦出现这些消极情绪，我们的情绪就会变得不稳定。本来两个关系很好的人，忽然就疏远了。有了消极情绪，我们自然难以持续向外输出正向情绪价值，也就很难打造一个正向情绪价值的场合。这样，不仅会影响我们与他人的关系，还可能对我们自身的心理健康造成负面影响。

总说分手，会消磨他的爱意和尊重

分手意味着分裂、结束，它传达的是绝望和失落的负面情绪。再真挚浓烈的情感，总说分手，也很容易消磨掉爱意。

>> **情景剧一**

甄宁和伟辰是大学同学，伟辰追了甄宁一年，甄宁才同意和他交往。但甄宁是一个很不自信的女生，伟辰长得帅气，是个富二代，还是职场精英，身边总是少不了各种优秀的女生。有的人甚至根本就不在乎伟辰是否有女友，即使在甄宁面前，也敢追求伟辰。

甄宁因此非常生气，并开始担心伟辰有一天会和自己分手，想想还不如自己主动提出分手。伟辰一听分手就很慌，当着甄宁的面把手机里所有与工作无关的女生联系方式都删除了，他把几乎工作以外所有的时间都给了甄宁，一再向她保证自己只爱她一个人。实际上甄宁也舍不得分手，于是就此作罢。

有个周末，甄宁去伟辰单位门口等他，两人约好一起去看电影。可她却看见有个女生隔着车窗和伟辰说话。这个女生不是伟辰单位的同事，伟辰不但没拒绝，还伸手在那个女生的包上捏了一下。甄宁感觉自己受到了欺骗，马上打电话给伟辰，就说了一句话："分手吧。"

伟辰这才看到甄宁，连忙去追她，并告诉她，那个女生是他的堂姐，在他妈妈的公司上班，他想给甄宁买个包，表姐就推荐了自己背的包。甄宁经过确认，发现真的是伟辰的堂姐，这才原谅伟辰。

可甄宁的疑心并没有消除，这之后又发生了几次误解，甄宁每次都不分青红皂白就提出分手。伟辰感觉越来越疲惫。最后一次，当甄宁提出分手时，伟辰同意了。

在这段恋爱关系中，甄宁表现出了过度的担忧和疑虑，极度的不自信和缺乏安全感导致她对伟辰的行为产生了过度解读和疑虑，而这些疑虑又进一步激化了她的负面情绪。伟辰在努力安抚甄宁的过程中，逐渐感受到关系的沉重和无法承受的压力，直至关系最终破裂。

在一段情感中，积极的情绪提供的是情绪收益，可以增进双方的理解和信任，使关系更加稳固，而消极的情绪造成的是情绪成本，会伤害彼此的情感。

那么面对这种情况，不提分手，应该怎么做才能给对方提供较高的情绪价值呢？

高情绪价值做法一：真诚认可 + 肯定自我

◎我原来这么优秀啊！这么多人欣赏你，但你却独独欣赏我！

◎哇，你这么受欢迎，这说明我很有眼光哦！

◎你太抢手了，但你却一直只看我一个，我得好好找找自己还有哪些宝藏。

这些句型都带有强烈的正面情绪，它们能够激发对方的自豪感、欣慰感、被珍视感以及安全感，这些都是情绪收益，有助于增进双方之间的亲密关系和信任感。

同时，这些句型既有对对方的肯定，也有对自我的肯定，这样的互动会使双方更加和谐和愉快。这种自信的表达，也在告诉对方，我也是优秀的人，值得你珍视。

>> 情景剧二

美琪的男友浩然是一个很优秀的人，但他有一个缺点，就是喜欢喝酒。他一喝醉就像变了个人一样，要么到大街上大吼大叫，要么就是抱着美琪举高高。美琪不胜其烦，有一次浩然还不小心把美琪甩了出去，导致美琪的脸擦伤了一大片，好几天都不敢摘口罩。

浩然酒醒后，美琪提出了分手。但是浩然却抱着美琪哭，诉说自己十分后悔，发誓再也不会喝酒了，请美琪给自己机会。美琪心软了，再次接受了浩然。

可浩然有很多酒友，他们不断喊浩然出去喝酒，一开始，浩然还顾虑和美琪的关系，不敢出去。后来实在忍不住，就偷着出去喝酒，跟美琪说自己出差了，喝醉了就住在朋友那里。

美琪知道后，非常生气，再次提出了分手，浩然又是痛哭流涕，甚至跪在美琪面前求原谅，狠狠扇了自己嘴巴，还把几个酒友都拉黑了。美琪再一次心软，又接受了浩然。

可有了第一回就有第二回，浩然再次喝醉，还跑到美琪家楼下大喊大叫。他酒醒后，美琪再次提出分手，这一回，浩然却不求了。他满不在乎地说："我这个人不是绝对的精英，可基本也让你挑不出什么毛病，我又没犯什么不可饶恕的大错，不过是喝点酒，你也不是不能接受，为什么每次都用分手来威胁我呢？难道还需要我下跪求你吗？"

在这个案例中，男生的爱已经变得面目全非了。他不愿意和女生分手，于是采取了非常伤自尊的方式——下跪、扇自己嘴巴，但他却一再违背自己的诺言。而美琪一次次原谅了他后，他不是去反省自己，反而认为这不是什么大问题，否则你不会再次接受我。既然你可以接受我，为什么又要那样折磨我呢？因为他自己不够有自尊，而女友没有坚定地分手，他也就不再尊重女友。这是非常可怕的一种变化。这种感情继续维持下去，美琪只会受伤更深。

面对这种情况，我们该如何做呢，是否还能为对方提供高情绪价值？

高情绪价值做法一：表达自己的底线 + 坦诚沟通

◎这个是我的底线，你逾越了，我绝对不能原谅。因为……（说明自己为什么不能接受）

◎我只会说一次分手，就是在你触碰我底线的时候。

百年修得同船渡，千年修得共枕眠。任何情感都来之不易，所以为预防矛盾和分裂，我们可以和对方提前“约法三章”。直接告诉对方，做哪些事自己绝对不能原谅。对方看到你的态度后，就不会故意做伤害你的事，这样能有效避免情感破裂。

要记住，在底线面前，万事不可商量，不管对方多么优秀，也不管双方的情感浓度。如果对方触碰了底线，而你选择了原谅，也许你让对方体验到了喜悦，但也给了对方向你输出负面情绪的机会。对方会不断试探你的底线，最终把你推向崩溃绝望的边缘，最后的结果还是分手。

当然，你首先得自我确定，哪些事是可以接受的，哪些事是绝对不能接受的。在可以接受的事上，不要随便提分手。

高情绪价值做法二：说明不可接受的原因 + 提出期望

对于虽然没有触碰底线的错误行为，但如果自己还是难以接受，也要明确说明，而不是用分手做威胁，这时候可以这样做：

具体句型：

◎我不喜欢你抱着我举高高，那样我会非常害怕。我知道你是在表达爱我，但你可以换一种方式。

◎你日夜颠倒地玩游戏，一玩起来就什么都顾不上了，让我觉得非常难以接受。它可能是你的一种娱乐方式，但这样既伤害你的身体，也伤害我们之间的感情。你要不尝试着定个游戏时长，这样对你对我都好。

这样的说辞，不但明确了自己的态度，还为对方提供了具体的解决方法。让对方明确自己该如何做，才能维护彼此之间的关系。

解锁情绪价值新内涵

“分手”二字对情感的伤害，有时候比争吵更严重。因为争吵其实是一种变相沟通，还有表达高情绪价值的可能，但分手表达的是终结，它会给双方都带来情绪成本，产生不良的情绪体验，给对方制造压力，摧毁对方的安全感。而说分手实际上又不是真想分手，这种模糊与不确定性成了一种无形的情绪折磨，会让双方产生更多的不良情绪体验，在爱与痛之间摇摆，彼此都会感到疲惫不堪。

不要把分手当成解决问题的办法，哪怕它曾经奏效，也是饮鸩止渴。“狼来了”说多了，可能真会引来“狼”。

会吵架说事，不会吵架伤情

吵架是一种高风险的沟通，但当遇到不公平，感到不忿、不愿时，如果不能痛快地说出来，也容易憋成内伤，反而更容易毁掉一段关系，所以有必要时是可以吵架的。那么怎么吵才能既保护自己，还能把事情说清楚、解决明白，同时不伤感情呢?

>> 情景剧

最近，雅婷有点不想理宇轩了，因为宇轩先是把雅婷送给他的一部手机转送给了他妹妹，还跟雅婷说，妹妹正在找工作，需要一部好一点的手机。雅婷当时就很不高兴，但宇轩没当回事。接着，宇轩又把雅婷送给他的电脑桌给了自己的小侄子。这回他大概怕雅婷生气，没有告诉雅婷，要不是雅婷看到宇轩的小侄子炫耀，她还被蒙在鼓里。

雅婷非常生气，但她还是忍住了，选择了一个放松的周末聊这件事。两人吃着各自喜欢的水果时，雅婷开始了话题，她说："你连续两次把我送你的礼物转手给别人，我很生气。我生气的理由是，你不懂什么叫珍爱。”

宇轩一怔，他认真观察了一下雅婷的脸色，说：“别生气，你听我说，我现在不是不用那个电脑桌了嘛，正好小侄子能用。这是物尽其用嘛，让你送我的礼物有所用多好啊。你别生气，我没告诉你，就是怕你生气。”

雅婷平静但严肃地说：“你是觉得你不问我，我就不生气了？这不是掩耳盗铃吗？你这不叫考虑我的感受，你这叫欺骗。”

“好了，我错了，我没有珍惜你的礼物，我下次不再这么做了，好不好？别生气了。”说着宇轩就要拥抱雅婷。

雅婷推开宇轩，郑重地说：“这话你上次也说过，可你还是再次做了。这说明你根本就没明白我为什么难过……”

“对啊，你又不是小气的人，不就是一部手机吗？这有什么可生气的呢？”

“我郑重给你解释一下什么叫珍爱。我每次给你选择礼物，都会很认真地思考很久，我要考虑你喜欢什么，需要什么，我需要怎么送，什么时候送。我希望你拿到礼物时欣喜，使用礼物时愉悦。因为我珍爱你，珍惜我们的情感。我设想的是，每次看到你使用我买给你的礼物时的欢喜，可你给我看到的是什么，是你转手就送给别人了。你这句‘不就是一部手机吗’抹杀了我全部的心意。你是觉得我不该珍爱你，还是觉得我选择的礼物根本不值得你珍爱？”

宇轩深受触动，说：“我没有想那么多，我其实把手机送给妹妹时，说是你送的，我也是想给你脸上添彩啊。”

“我明确地告诉你，如果我要送妹妹礼物，我可以直接送，不需要你转送，那样我脸上更有彩。你这样几次三番把我送你的礼物送给别人，我只会认为你不尊重我，或者你觉得我不值得被尊重。你在破坏我们之间的感情。”

宇轩有些慌了，他忙说：“亲爱的，别别别，没有没有，我这回知道我哪儿错了，下次真不会这么做了。”

这是一个比较常见的情景，男生和女生对世界的理解和行为方式都很不同。男生大多更看重事、物、理等直接而外在的存在，而女生更看重内心的体验感受。所以，宇轩才会有“物尽其用”“想给你脸上添彩”这种想法。而雅婷用“珍爱”这个词，首先将这段情感放在前面，把宇轩在自己心目中的位置放在了首位，再加上那番情景描述，让宇轩深受触动。雅婷又巧妙地用“破坏感情”这个小小危言，让宇轩意识到问题的严重性。这样就能在宇轩心中留下深刻的印象，下一次，他可能就不会这么做了，除非他真的不尊重雅婷，那就是另外的问题了。

常见误区

有些女孩子一生气就会冲动，说错做错。

第一种错误，生闷气，不理人。

被对方问到时，脱口而出一些让矛盾升级的话。

◎你就不能多考虑我的感受吗？

◎你哪儿做错了，自己心里没数吗？

任何两个人对同一件事的理解都可能有差别。如果你不明说，对方永远不知道你为什么生气，你的感受到底是什么，反而会觉得你不可理喻，总是喜欢生气，以为破坏这段情感的是你。明明受伤的是你，但最后背锅的还是你，冤不冤？

第二种错误，说伤人的话。

◎要不把我的工资都给你，你把它都给你们家人花好不好？

◎你们家人是人，我就不是人，是吧？

这种阴阳怪气、极端对立、不顾颜面的说辞，都特别容易破坏情感。哪怕对方做伤人的事在先，你说这样的话，他考虑的就只会是你伤害他的这些言辞，而忽略自己做错的那些事情。除非你不想继续这段关系，否则千万不要说伤人的话。

第三种错误，歪解对方。

◎你小侄子居然比我还重要啊？

◎你这么做是不是想分手？想分手你就直说，有什么大不了的？我又不会赖着你！

有时候，说这些话的人也知道这些话都是歪解，但在气头上，就会不管不顾，反正怎么能伤到对方怎么来。如果你珍视这段情感，就不要做任何歪解。即使对方真的有不良想法，你都不能直接说出来，有些话说出来就没有缓解的余地了。即使勉强弥合，心里也会留下难以磨灭的伤痕。

第四种错误，揭伤疤，翻旧账。

◎你妹妹借我的钱到现在还没还呢，你还把我送你的手机送她。你妹妹就那么缺钱吗？

◎你工资低，甚至连我爸妈过生日，你买的礼物都糟透了。我不嫌弃你，还给你买了这么好的手机，就是想让你充充门面，你却转手就送人了。真是不知好歹！

站在对方的角度，这两句话给人的感觉是：我把手机送给妹妹，你之所以生气，是因为你嫌弃我妹妹没钱。你给我买一部好手机，是嫌我赚钱少，很窝囊，怕给你丢脸，所以用一部好手机装装门面。你早就对我很不满了，就连我给你爸妈买的礼物都看不上，我做什么都是错的，做什么你都不喜欢。

生活中我们常常见到这样的场景，明明就是一件小事，双方却能吵得天翻地覆，就是因为揭伤疤、翻旧账，一件事没解决，又扯出一堆事，双方的目的根本就不是解决问题，而是如何重伤对方。

揭伤疤、翻旧账的方式，就是让对方去看自己的不堪，不断重复回忆过去的错误，这样，他又如何能理解你的苦心呢？

当然，案例里的雅婷不算翻旧账，因为头一次她说完后，宇轩没有重视，所以才会有第二次郑重说明。什么是翻旧账呢？就是所说的事与这次对方让你生气的点根本不同，你生气了，就把他之前的所有错误都拿出来重新翻炒一遍。

其实，吵架也需要掌握技巧，只要站在具体事情上，是可以进行高情商互动的。

高情绪价值做法一：肯定对方 + 表达我的情绪感受

◎站在你的角度，你这么做，是因为你考虑到……但站在我的角度，你这么做，我就受伤害了，因为……

◎我明白你是想要让我好才这么做，但你忽略了我需要……

我们要告诉对方：你以为的我以为，不是真的我以为。你要对我做事，就要站在我的角度而不是你的角度考虑问题。

高情绪价值做法二：否定对方 + 具体结果

◎你这么做错了，因为它的结果是……

模式二比模式一更直接一些，但当对方的问题非常严重时，需要直接让他看到自己的错误，以示警醒。

当然，有时候也可能是误解对方，那么吵架的过程中就要学会倾听，如果对方是真的站在自己的角度考虑问题，那就要真诚地表达歉意。

解锁情绪价值新内涵

吵架是一种负面沟通，一定会产生情绪成本，但有些架必须得吵，因为有些问题不说不明。那么，如何把情绪成本转为情绪收益呢？我们可以使用以下公式：

表达友好＋尊重倾听＋深度理解＝情绪收益

表达友好和尊重倾听就是为了让沟通无障碍。当沟通顺畅时，双方才能理解对方的立场和感受，而非仅仅停留在表面的争执上。通过站在对方的角度思考问题，我们能够更全面地把握冲突的根源，这样才能专注在具体的事情上。这时候双方都不会被情绪束缚，而能真正以友好的状态解决问题。

会分享才是最高级的浪漫

女生通常都比较爱分享，出去旅游要和人分享所见所感，交了个新朋友要和人分享对方的言辞性格，甚至买了一件新衣服都会和人分享颜色、款式、穿起来的感觉等。她们高兴了会和人分享，难过了也会和人分享。

>> **情景剧**

墨涵是一个性格内敛的男生。这天，墨涵因为没有及时交报告，被组长当众批评了一顿。晚上，墨涵和灵萱一起吃饭的时候，灵萱有点沮丧地说："我今天犯了一个很大的错误，还被领导当众批评了。"

墨涵心里一动，感同身受地说："你当时特别难过，是不是？"

灵萱连连点头："是的，是的，你太懂我了。不过我一点都不怨我们领导，因为那件事的确是我做得不对。我们领导看到我情绪低落，后来还特意给我写了一个纸条：我不是为了让你难过，我就是想让你警醒点。呜呜……我们领导好好，我可记住教训了。"

墨涵说：“我今天也被领导批评了，不过我们领导可没有给我写纸条。”

灵萱挑了挑眉：“啊？你也……哇，咱俩真是太默契了，连犯错都一起。来，击掌！”说着就和墨涵击了一下掌，墨涵的嘴角也不由翘了翘。灵萱继续说：“你领导没有给你写纸条，肯定是觉得你觉悟高，不用写纸条你就能明白。”墨涵笑了，没说话，被批评的阴霾一扫而光。

一个话题结束，灵萱的沮丧已经消失得无影无踪，她继续说：“我今天在路上遇到一只狗，它朝着我汪汪叫，我还以为它要咬我，没想到，它给我叼来一个钥匙链，我一看，原来是我背包上的挂件。你说怎么会有这么通人性的狗啊。”

墨涵说：“你别说还真有，我小时候也养过狗的。”

“真的，那你快说说。”

和灵萱在一起，一向话少的墨涵却总是有说不完的话。

分享，是女生交朋友的方式，是交流经验的手段，是自我成长的过程，也是维护好关系的纽带。分享快乐的过程，我们也让别人得到了喜悦。当分享悲伤时，我们缓解了自己的痛苦，同时也用这种亲昵的方式拉近了彼此之间的距离。

当然，分享也是有技巧的，善于发现生活中的美好，愿意在得到情绪收益的时候也能为他人提供高情绪价值，分享才会成为一种高级的交流方法。

常见误区

分享不等于抱怨，抱怨给他人提供的是负面能量，会提高沟通的情绪成本。

“我真讨厌我们领导！我就不信他没有做错的时候，一点都不给人留面子。”

抱怨关注的是问题的负面，这会限制个人的思考能力和行动力，使人难以摆脱困境。沟通中不停抱怨，会将负面情绪传递给别人，使人难以与他人建立良好的沟通和合作关系，甚至可能破坏已经存在的友谊和亲密关系。

除了抱怨以外，有些人在分享的时候，会不自觉地在对方的伤口上撒盐。

晨晨和笑笑是闺蜜，笑笑入职早，工作三年了还没升职，她一直为不能升职而苦恼。这时，晨晨开始工作了，她用了一年的时间就升职了。她和笑笑分享自己升职的喜悦时，说：“告诉你个好消息，我升职了。看到你三年没升职，我以为升职有多难呢！原来很容易啊。”

这种做法不是分享，而是比较，用自己的所得和没获得的人作比较，是在自我炫耀。这种沟通就是在给自己拉仇恨。你有多高兴，对方就有多难过，心胸狭隘的人甚至会心生怨恨。

要记住，分享一定要传递正能量，要进行正向的情绪交流。

和朋友、爱人分享日常时，一定要避免自说自话。不光要说说自己的生活故事，也要去倾听对方的生活。

婉清和玉茹聊天时，分享了自己的旅游经历，她去了新疆，还爬上了昆仑山，虽然山上缺氧让她很难受，但还是带给她更多的愉悦感。说完之后，她又问玉茹："你不是也申请休年假了吗？你准备去哪里？"玉茹还没有什么计划，于是婉清就和她一起查询各个旅游景点，讨论去哪里更好。

分享日常，一定得是双向沟通，你说说你的事，我说说我的事。在我说的时候，你听；在你说的时候，我听。双方都要积极倾听，认真反馈，这样的互动才能更好地理解彼此，增进情感连接，使分享具有较高的情绪价值。

沟通有时候也需要"门当户对"，如果两个生活、工作情境相差很大的人沟通，你不理解我的境界，我不理解你的状态，就很容易形成沟通落差。为什么有些好朋友、恋人走着走着就散了？就是因为日常情境出现了差异，心态心得不同，思维认知也不同，渐渐没有共同话题了，你的分享我懒得听，我的分享你感觉厌倦，又如何能继续交往呢？

高情绪价值做法一：倾吐我的悲伤 + 感恩你的抚慰

◎在我难过的时候，幸亏有你。

◎和你说说，我心里好受多了，谢谢你。

◎我也只敢和你说说我的感受，因为你懂我。

向对方倾吐自己的痛苦、烦恼，都是负面情绪，对方要和你共情，和你一起烦恼、痛苦，造成了他的情绪成本。感恩能够提供情绪收益，让对方感觉和你共情是值得的，愿意和你共情，并且和你共情为他下次向你诉苦准备了条件。

高情绪价值做法二：开解对方 + 分享自己和他人的同类事

◎我特别理解你，我也经历过这样的事。

◎别太难过，你知道吗，我姐姐原来也遇到过这样的事，但她后来……

这种分享就是有针对性的分享了，当对方陷入困境、烦恼、痛苦时，我们分享自己或者他人的同类事，可以舒缓对方的痛苦，帮助对方找到解决方案。

解锁情绪价值新内涵

分享是一种轻松休闲的交流方式，在分享过程中，不仅要传递信息或讲述经历，还要通过深入的情感交流，为对方带来积极的情绪体验和情感满足。这就需要我们注意不能单方面输出，要注意分享的方式和态度。要用积极、乐观的情绪去感染对方，传递正能量。可以适当加入一些幽默、轻松的元素，让对方在轻松愉快的氛围中接受我们的分享。

分享就是向外展示自我，是一种积极主动的人际交往模式，但只有和对方产生共鸣，才能深化情感连接，让关系更和谐。

第二章 CHAPTER TWO 关注女生情绪感受，赢了爱情也赢了生活

有些男生往往说话直接，思维单线，过于强调是非道理，而很少关注别人的情绪感受，因而会给人冷漠和不会变通的感觉。在情感生活中，也常常因为说话做事不妥而落单。与其临渊羡鱼，不如退而结网。学些提供情绪价值的技巧，提升个人魅力，更能受到女生的青睐。

爱讲道理很容易招人厌烦

有些男人有一个很明显的特色，那就是喜欢讲道理，特别是在面对女友或者老婆时，就更喜欢讲道理。喜欢讲道理似乎也无可厚非，但有不少人讲着讲着，就摆出了教育者的姿态，把自己放在了一个认知的制高点上，开始向下输出。

>> **情景剧一**

有些男人最爱教育人的经典场景，莫过于驾驶汽车了。他们喜欢把自己当成老司机，坐在副驾驶上也不忘指指点点，尤其当驾驶汽车的是女人时，他们就更是控制不住教育的欲望：

“这是直角拐弯……哎哎，你在干吗呢？”“方向不能在这个时候打，你得学会看车距啊！”“加速，加速，后面车都嘀嘀了……”“红灯啊，红灯啊，你眼睛看哪儿呢？”“下坡了，你是傻了吗？怎么还踩上油门了？”

想象一下，蚊子在你耳边嗡嗡叫，你能听懂蚊子的话吗？你不但听不懂，还非常烦躁，是不是？坐过公交车的都知道，司机座位那里写着：不要和驾驶员交谈。因为干扰驾驶员的情绪是一件要命的事。

当你一旦使用教育者的口吻进行沟通时，就很容易跑偏。你不由自主地把自己放在高位，教育着教育着就开始口不择言，不是讥讽，就是阴阳怪气，好话也说得很难听，输出的全都是负面情绪价值。

把自己当成老司机，其实想要的就是对方的仰望，但这样的沟通方式，别说得不到对方的认可，遇到彪悍的，很可能还得被迫欣赏一场“五指交响乐”。有多少男女朋友出门前还觉得恋爱如此美好，开车十分钟后就觉得好像分手更适合彼此？

同样的认知输出，不靠讲道理，而是为对方提供情绪价值，反而更容易获得对方的崇敬。

高情绪价值做法一：不足也有不足之美

情商高的人非常善于这样表达：在我眼里，你没有错，你哪里都很好。

◎女人驾驶汽车很慢，男人说：“不要怕慢，慢才能稳，稳才会安全。”

◎女人直角拐弯很糟，男人说：“作为一个新手，你做得已经很不错了。”

使用这种温柔、安静的说话方式，即使是很紧张的新手，也能受到安抚，心自然能安定下来，放松地驾驶，遇到不能应付的地方，也愿意向你请教。

高情绪价值做法二：关心对方 + 收拾残局

一些更睿智的人，即使面对对方的错误，也不会疾声厉色，而是依然情绪稳定地进行沟通。

女人没注意到前车减速，男人急忙提醒；女人紧急刹车，男人看到后马上伸出手挡在了女人身前，避免女人受伤。车子剐蹭到了前方，女人满脸慌张，非常内疚。男人说："你没受伤吧？"女人摇头。男人说："没事，你做得很好了，剩下的事交给我。"

这样的人是不是更容易获得仰望？为什么女生通常喜欢情绪稳定、温柔睿智的男生？因为他们的温柔释放的是善意，他们的稳定给人的是心安。总是能站在她的角度说话做事，她自然愿意和这样的人沟通，并听从他们的建议。

>> 情景剧二

姚欣是一个浪漫的人，她喜欢买鲜花来装饰自己的生活，以此来取悦自己。然而，她的丈夫却对此很有意见。他认为鲜花不仅价高，而且保鲜期往往不够长，很快就会枯萎，实在是太浪费了。为此，他经常对姚欣说教，要求她将心思更多地放在两人长远的生活规划上，考虑如何为他们共同的生活做出更为经济合理的打算。

一天，看到姚欣下班后又买回来一束玫瑰花，她的丈夫又忍不住开始教育她："这花几十块钱就只能看几天，又不能吃不能喝的，这不纯属浪费吗？咱们要还房贷车贷，要生孩子，未来开销多着呢，你能不能省着点儿花？"

姚欣非常不满地说："我又没花你的钱。"

她的丈夫立刻说："这花是没花我的钱，可我们俩婚内的工资属于共同财产，我的钱我都攒着作为未来生活的开销。如果你也能和我一起存钱，那我们的未来生活不就更充裕了吗？做人不能只看眼前，一定要有长远的规划与打算。你现在把钱都花在没用的地方了，将来你要用的时候资金紧张，你后悔不后悔啊？"

姚欣一听就恼了，反问道："听你的意思，我买束花，咱俩将来的日子资金就紧张了？在你眼里我就只会败家吗？"

她的丈夫也火了，两个人吵了起来。

在这个场景里，男生完全没有考虑到女生的情绪价值，简单粗暴批评对方的购买行为为"浪费"，并以未来压力为由进行说教，给女生的只有指责和控制。这种缺乏共情和情绪价值的沟通方式，很容易使原本温馨的交流变成对立的教育，从而引发两人之间的矛盾。

交流应当建立在平等与尊重的基础上，而非对立或管理。对双方来说，应尽量少一些限制、控制、教育、监督和管理。

同样是节省，睿智的人会有另一套算账逻辑。

高情绪价值做法三：开玩笑聊天 + 满足真正需求

直线思维，通常是指站在个人立场出发去审视问题。和女友交流时，最忌讳的就是以己度人。不管女友做出什么不能理解的事情，千万不要张口就指责，而应设身处地，尝试从她的视角探寻其内在的需求。

当知道女友买了好玩但无用的东西，除了讲道理，还有很多可以说的话，比如：

“这花真好看，是送给我的吗？”

“你就这么喜欢花啊？可惜鲜花保质期太短了，我上次出差看到一些仿真花也很好看，做得特别逼真，还有香气呢。”

这样轻松的聊天内容，不但可以引发对方的兴趣，还能深入沟通，挖掘对方真正的心理需求。针对需求，提出解决办法，也可以让对方自省自己行为的不合理之处。

其实再好的道理，语气过于生硬，对听者来说可能也觉得是指责！相反，用轻松玩笑的聊天方式，不但可以增进感情，还能有效让对方和自己达成共识。

这不仅是一种简单的沟通方式，也不是一种暂时的相处情境，而是在构建一辈子稳定的相爱关系。

讲道理是一种硬灌输。我们人生中需要经历很多教育场合，在家里需要听父母的训教，上学时要听老师的指导，上班后还要听领导的训话……如果在亲密关系中，还要听另一半的训导，那真是没有尽头了，只会让人心生厌烦。

我们讲道理可能是为了说服对方，让她提高认知，可你别忘了对方的身份，你们是对等、亲密关系。在亲密关系中，情绪交流往往比认知交流更重要。女生注重的往往不是认知的高低，而是情感连接。你讲的道理越多，情感就越淡薄，沟通中的情绪成本就越多，对方越容易产生对抗心理。

当然，女生也并非不能接受认知输出，不过，你可以采取共情的模式，使对方先产生愉悦的心理，再输出认知。

当两个人在同一个频道中时，你越是能放低姿态，对方反而越是能高看你一眼。你越是舍得，也就越容易赢得。

关注细节，积极回应

作为男生，你是否被女生问过："你觉得我今天有什么变化吗？"你是否也仔细观察了一番，发现她还是一个鼻子两只眼睛，最后感觉女生莫名其妙。

如果你谈过恋爱，女朋友是否问过你这样的话："你能听见我说话吗？""你觉得我是透明人吗？"

如果你有这样的经历，那即使你有一千万个好，但在情感世界里，通常会被女生定义为禁区。为什么？因为实在"伤不起"啊，一个粗心大意就足以让人心灰意冷。

>> 情景剧

黎黎很喜欢虞城，经常约虞城一起玩。虞城也喜欢黎黎，只是有一点很苦恼，他觉得黎黎特别爱生气。

比如，两人约好一起去攀岩，虞城迟到了十分钟。黎黎的脸色已经很不好看了，虞城却还在取笑她："你怎么流那么多汗，把脸上的粉都冲出裂缝啦！"黎黎听后大怒，扭头就走了。虞城也知道自己有些嘴欠了，忙追上她说：“我开玩笑呢，我突然发现一件事，你好像从来不擦粉。”可黎黎还是走了。

再如，两人一起去图书馆，黎黎一直趴在桌子上，虞城就说：“你是来学习的，又不是来睡觉的。”黎黎有气无力地说：“我不舒服。”虞城说：“你不舒服就回去吧，在这里趴着我看着难受。”黎黎被气得直翻白眼。

黎黎不止一次跟虞城说过自己向往的一家企业。有一次，虞城在街上遇见了最要好的一位学长，学长提到自己在某家企业工作。回去后，虞城才想起来，学长提到的似乎就是黎黎想要进入的那家企业，忙打电话告诉黎黎。黎黎让虞城请学长多给些应聘意见，学长很快给黎黎发了邮件。黎黎一看才发现，这根本就不是她向往的那家企业。

毕业后，虞城和黎黎留在了同一座城市工作。虞城向黎黎表白，但黎黎却拒绝了。虞城很不解：“我们不是玩得很好吗？你不是也喜欢我吗？”黎黎回答说：“我是喜欢你，但我感受不到你的用心和理解。”

很多男生发现女生喜欢抱怨他们粗心大意，他们觉得这是女生吹毛求疵。表面上女生抱怨的是男生的粗心，而她的潜台词却是“我没有感受到被关爱”。

为什么有的男生那么受女生的欢迎？因为他们情绪稳定，眼界开阔，有耐心，能给人细腻关怀。他们总能敏锐地捕捉到女生的情绪变化，并及时给予积极、温暖的回应，让女生感受到无微不至的呵护，给女生快乐幸福的体验。

具体来说，男生想为女生提供高情绪价值，可以从以下几个方面去做。

高情绪价值做法一：细心观察 + 积极互动

◎你今天是不是有点累？剩下的你可以交给我。

◎我发现你不喜欢化浓妆。你素颜太漂亮了，浓妆容易遮盖住自然美。

◎是不是有什么喜事？你的嘴角都弯成月牙了，说出来让我也高兴高兴。

◎这个背包你好久都没背了，搭配今天这身衣服真好看。

说这些话的男生给你的感觉是什么？你可不要光看到嘴甜，还有踏实、真诚、积极，他在欣赏与之互动的女生，在关注她、赞美她、维护她，和她同喜、同悲。他在打造一个大的能量场，在这个能量场里，女生会时时刻刻感觉到安心惬意。

要观察什么呢？对方的言行举止、情绪变化以及兴趣爱好，凡视线所及都可以去观察。我们看得越多，对女生了解得越深入，才更容易知她所喜，感她所悲，才能说出她爱听的话，做出令她愉悦的事。

有些男生在追求女生的过程中，因为全神贯注，而且想要深入了解女生，所以通常都会显得细心、有耐心，能看到很多细节。一旦两人确定关系，他就开始耐心减退，细心不再。女朋友穿什么都看不见，吃什么也没感觉，就连她不舒服了，他似乎也能避而不见。你的心心念念里都没有她，又怎能怪她生气，怪她与你越走越远呢？

高情绪价值做法二：认真倾听＋积极回应

女生最讨厌的情景莫过于：明明男生就在眼前，可你说什么他好像都听不见，做什么他也都看不见，好像你是透明的，或者你们是生活在平行世界里。女生感觉自己和一具“行尸走肉”一起生活，想想都很恐怖。要知道，气氛活跃才能让情感流动。

她抱怨老板“画饼”，你可以这样回应：

“你们老板又开始‘画饼’了？看来以后你们单位所有人都不用吃饭了，你们老板画的这张大饼得要几万人才吃得下啊。”

她怀疑自己买的新衣服不好看，你可以这样回应：

“这件衣服不好看吗？我倒没觉得，可能因为它穿在你身上，你身材好，肤色好，把这件衣服衬得都亮丽了不少。”

她对是否参加单位同事的私下聚会很纠结，你可以这样回应：

“不用纠结，首先看你们的情感，其次看你们以后的合作。你要是更看重情感，她又诚心邀请你，你就去。但看你这么纠结，估计你们情感不多，那更多的就是看日后的合作。那你就要明确，你要的是和谐，还是自由。选择和谐就去，选择自由，就不去。”

第一句回应是站在对方的感受里说感受，让听的人能产生情感共鸣；第二句回应是真心赞美，说话很有艺术；第三句回应就是干货了，直接告诉对方解决办法。

需要注意的是，女生更需要的未必是最后这种干货回应。在女生这里，世界无小事，所有事都很重要。鸡毛也好，蒜皮也罢。当下，我和你正好在一个空间，我有感而发，希望你也能积极回应。我不是透明的，才不会感到孤独。

解锁情绪价值新内涵

从女生感受的角度来看，被关注程度基本等同于爱的程度。当男生注意到的细节越多，给予的关怀越多，女生能感受到的爱意就越浓，当得到被重视、珍惜的信号时，女生会产生愉悦的交往体验，自然也愿意予以积极正向的回应。

而回应，在人际交流中扮演着至关重要的角色，它就像情感的动量，是双方关系好坏的驱动力。不管女生说什么、做什么，男生都能予以回应，特别是在他人没有关注到女生的时候予以回应，这时女生感受到的支持和温暖就会更强烈，对男生的好感也会更多。

细节就是甜蜜之心。女生比男生更感性，容易被细节打动！

陪她做她喜欢的事

陪伴，是最长情的告白。

爱她，一定要有情感投入，陪她做她喜欢的事，既是对她兴趣爱好的尊重，又创造了增进双方情感的良好机会，可谓一举两得。

>> 情景剧

艾静非常喜欢戏剧表演，经常自己创作剧本。嘉言看电影只能看出简单的悲欢离合，至于更深层的艺术内涵，他是想破脑袋也想不到的。艾静特别想让嘉言去看看自己的戏剧表演活动，嘉言虽然很为难，但还是陪她去了。

大家一起读剧本时，嘉言就静静地坐在旁边听着。结束后，团长挨个评价每个人的情绪状态。说到艾静时，团长认为在戏剧里她在和男友生气时，情绪表达过于激烈了。嘉言犹豫了一下，还是举手插话了，他说："老师，这个场景我们亲身经历过，当时艾静就是情绪很激烈，而且就是因为她情绪激烈，我才能够反省。我感觉这样可以推动后面故事情节的发展。"团长认真琢磨了一下后，肯定了艾静的表演。艾静听后特别激动，悄悄向嘉言比了个心。

上台表演前，嘉言发现艾静服饰后背上的飘带散开了，就过去帮她系好，还打了一个很好看的蝴蝶结。艾静的同伴赞叹嘉言手巧，很有时尚感。嘉言连连摆手："我哪有什么时尚感，都是跟艾静学的。"

表演结束后，嘉言为艾静献上了鲜花，恭贺她表演成功。艾静小声赞道："我一直以为你是块木头，没想到你的艺术细胞这么丰富！"

深情不及常伴，愿意花时间和精力陪女生去做她热衷的事情，这才是真正的深情。其实女生一般都心细，很容易感到幸福和满足，你付出一分，她就能看到一分。你尊重、接纳、维护、理解她，这种情感上的满足和安全感会激发对方大脑中的积极情绪中枢，促使其分泌出如多巴胺、内啡肽等甜蜜激素。她沉浸在甜蜜中，自然会对你格外依赖、深情。

在陪伴中，也要注意输出高情绪价值。

高情绪价值做法一：陪她做想做而不敢做的事 + 积极回应

在这种陪伴中，你负责的是给予她支持，给她安全感，让她尝试自己可望而不可即的事情。

◎当她工作压力大，想要发泄时，你可以选择周末和她一起爬山，在山顶陪她一起把不良情绪都吼出来。

◎当她想要见一位最敬仰的名人，但觉得自己不够格时，你可以陪她一起整理名人的资料，深入了解对方的性格心理，然后寻找人脉，安排她和名人见面。

◎当她在某地受伤并产生严重心理阴影，疗愈过程中一直想要回到事发地时，你可以提前了解相关疗愈方法，陪她一起去。

◎当她感觉恐惧时，可以紧紧拥抱她，告诉她，糟糕的事已经过去了。

◎当她想挑战自我，进行高空跳伞、深海潜水、公开演讲等事时，可以积极地鼓励、支持她去做。

在这种陪伴模式中，你不仅是她的伴侣，更是她的勇气来源、有力的支持、智慧的开解。当你让她直面内心最恐惧的事她都不再惧怕的时候，你给她的就是最纯粹的爱意。其实身在恐惧中的人，容易片面看事情，但最爱的人一个安抚的眼神、一个温暖的拥抱，就能给她力量，让她重新解读恐惧。这时候，她不是在对抗恐惧，而是在和恐惧和解。

在这个过程中，你要随时予以积极的回应，开始前，视情况给予鼓励，完成后一定要赞扬她，激发她内在的潜能和自信，让她在整件事中得到成长。当你成为她成长的引导者和见证者时，你在她心中就留下了深刻的印记。

高情绪价值做法二：陪她做无聊的事 + 放松

这是最轻松的陪伴，你放松，她也舒适。

◎她就想坐在摇椅上安安静静地晒太阳。你就陪着她，不打扰，不离开。

◎她就想在初春小雨中散步。你就陪着她，感受春天的气息，享受快乐的感觉。

◎她就想窝在沙发上看一部无聊的电影。你就陪着她，不评价电影，只无限放空。

在这种陪伴模式中，你们一起度过的是那些看似平凡却充满温馨的时光。我们总是想把自己置身于有意义的事件中，一旦闲下来，就会觉得是在浪费时间、精力和人生。其实，这并不是在浪费时间，而是在积蓄能量，你能从浪费时间中获得乐趣，就不是浪费时间。

高情绪价值做法三：陪她 DIY+ 积极参与

女生通常都喜欢 DIY，陪她一起做手工，可以创造属于两个人的新鲜的体验和感受。

可以在家里制作一个手工饰品、装饰家居，也可以到手工作坊里去烘焙一个蛋糕、制作一个陶器。

在这个过程中，你和她一起投入其中，从创意、绘画到动手完成。你们可以享受当下 DIY 的乐趣，增强合作的默契。在共同完成一件作品时，那种成就感和幸福感是无法言喻的。而且，这么做还能留下永久的纪念品。以后即使你没有时间陪伴她，当她看到这个你们共同完成的作品时，她也会想到你，以及你陪伴她的时光。

这里有一个情绪价值公式：

情绪价值＝陪伴的深度 × 理解的精准度＋共享的喜悦

其中，陪伴的深度代表了与对方相处时的投入程度和用心程度。理解的精准度是指我们对对方情绪和需求的准确把握能力。而共享的喜悦则是陪伴过程中产生的积极情感体验。

当你足够用心时，甚至可以为对方做自己并不擅长的事情。做这件事不仅需要你投入大量的时间、精力和心血，可能还得挑战自我，克服困难和不足。此时，这份爱的表达就显得尤为珍贵和深邃。对方看到你的努力后，也会更加珍惜和感激你。

而且，只有足够用心，才能精准理解对方的需求。她要你陪她放松，你就不会一直喋喋不休；她让你陪她探险，你就不会犹豫不前；她想把时光留下来，你就不会懒得伸手。只有做到真正的理解，才能给予对方合适的鼓励和恰当的支持，才不会好心做错事。

即使再独立自强的女生，有时对男友也会产生较强的依赖感，这份依赖是爱，是信任，是把自己交出去的勇气。如果你在她需要你的时候没法陪伴她，那在她舍弃你的时候，就不要指望她能心软回头。

总之，陪伴，真用心才真美好。

解锁情绪价值新内涵

很多男生为了大展宏图，常常会冷落女友。流水不腐，户枢不蠹，情感如流水，只有经常交流沟通才能常保新鲜。因此，再忙也要抽出时间来陪陪她。哪怕你陪她的次数很少，但如果每次都能深入陪伴，为她留下深刻的记忆，那么，女生在理解你忙碌的基础上，也会用你深入陪伴的记忆来温暖自我，对你持续保持浓厚的情感。

表达幸福感也能让她幸福

男生通常更内敛含蓄，很少直接表达爱和幸福。但若能经常向她表达爱意和幸福的感觉，也会让她产生自豪感和幸福感。

>> **情景剧一**

玥琳对睿博的感情很深，心甘情愿为他牺牲很多。因此，她也有一点患得患失的焦虑，而睿博偏偏又不爱表达。情人节、“520”、玥琳生日等特殊日子，他通常是按部就班买个礼物，倒也记得精心包装一下，但基本不会写卡片。他也很少在微信中说“我爱你”这样的话，情侣之间常用的“宝宝”“宝贝”等亲昵称呼，他更是说不出口。

玥琳忍不住问睿博：“你为什么不说那三个字呢？是你没有爱的感觉吗？”

睿博说：“怎么会呢？我就是说不出来。我不喜欢说，我做了你看不就得了。”

“可那不一样啊。”

“那你是喜欢我只会甜言蜜语，还是喜欢我认真做事？”

玥琳一下子不知该如何接话了，可她又觉得心里很不舒服。

睿博是个很细心的人，他看出了玥琳的沮丧，这让他很心疼。他想了很久，决定还是尝试满足一下玥琳。

在工作评比中，睿博获得了冠军。他非常高兴，把奖金一股脑儿都打给了玥琳，还在微信里尝试着称呼玥琳“宝宝”。他写道：“宝宝，我爱你。”打字的时候，他身上起了一层鸡皮疙瘩，甚至还打了两个冷战。但他没有犹豫，也没有撤回。

玥琳收到后吓了一跳，马上给睿博打电话：“亲爱的，你怎么了？你是遇到什么事情了吗？还是你的手机被别人拿走了？”

睿博听到玥琳这样说，也很感慨，他很坚定地说：“我其实就是想告诉你，我很……我很爱很爱你。和你在一起，让我觉得生活非常幸福如意，我也特别想让你天天都快乐幸福。”

玥琳听到的一刹那，热泪盈眶。

“我爱你”三个字对女生的冲击力还是很强烈的，当她越看重一段情感，就越希望能听到对方说出这三个字。因为那会让她感觉温暖、安心，让她没有怀疑地去享受这份爱情。

“和你在一起很幸福”，这是一种甜蜜的肯定。你表达的是自己的幸福。而对方的感受是，他认为我好，喜欢和我在一起。美好的爱情通常是相互温暖、相互成就的关系，而这种表达能有效促进双方关系升温，也能让彼此在对方那里获益。

常见误区一

很多男人和睿博的思维是一样的，不喜欢说，认为做就好了。他们会这样想：

◎我不是虚伪的人，就是不喜欢说甜言蜜语。

◎你如果感受不到我的爱和幸福，那说明你也不是很理解我。

女生通常很细心，你做到了，她就会感受到。可其实人都是有情绪的，受到强情绪刺激就会产生强烈的感受。如果你在做的同时，也能做到真诚表达，那么对方接收到的就会更多，对你的信赖、对爱情的满足感也会更强烈。

常见误区二

对于直男来说，“我爱你”“和你在一起我很幸福”两个句子可以受用一生。有些男生便觉得如获至宝，拿来就用，张口就来，只说不做。他们会有这样的想法：

◎既然你这么喜欢，那我就经常说给你听，看看你会不会有腻的那一天。

如此这般，其实他说习惯了，自己都没感觉了，对方更是毫无正向的感受，就仿佛听到了一个称呼一样。这样就失去了表达的意义。

那么，如何在表达爱意和幸福时能让对方产生情绪收益呢？

高情绪价值做法一：间接表达法

真爱一个人，不一定要每天都说我爱你，但时不时要让对方产生被爱着的感觉。我们可以这样说：

◎我们同事说我的状态越来越好。我觉得这是因为我和你在一起了。

◎我拿到那个奖了，真开心！我最先想到的就是感谢你这段时间的辛苦付出。

◎我出差时在大街上看到一个人特别像你，看来我是想你了。

在这样的表达中，没有一个“爱”字，但字里行间都是爱意。这种表达比那种简单的“我爱你”“和你在一起我很幸福”就又高了一个段位。在第一个句型里，有具体的认证；在第二个句型里，有具体的物证，都能有力地证明“和你在一起我很幸福”“你让我有所成就、有所成长”。第三个句型的表达则更浪漫，会让听的人产生甜蜜的感觉。

高情绪价值做法二：创作表达法 + 永久留念

使用载体来表达，精心记录自己和她在一起的每一刻。

◎记事本上有很多与她有关的日子。

◎某个时刻，被她一低头的美所震撼，于是悄悄为她画一幅画

（写一首诗、谱一篇曲等）。

◎把给她拍的所有照片都找出来，手工制作成一本只属于彼此的幸福相册。

◎使用自己的专长，做一个与她有关的物品。

这种方式的魅力在于，它能让每一个平凡的时刻都充满不平凡的情感价值，让最甜蜜的时刻被定格。

记事本上的那些日子不再只是冷冰冰的日期，而是充满了温暖的回忆和深情的告白。每当翻开那一页，都能回想起当时的心情，仿佛时间在这一刻静止，让人再次沉浸在那份美好中。

而那一低头的美，被悄悄地捕捉在画布上，无论是画作的线条还是色彩，都充满了对她的赞美和倾慕。

每一张照片都是一段故事的见证。手工制作的幸福相册，不仅是对这些照片的珍藏，更是对那段时光的致敬。它不仅仅是一个物品，更是一份情感的寄托，一种情感的延续。

而使用自己的专长来制作一个与她有关的物品，更是一种情感的升华。这个物品不仅代表了自己的心意和努力，更代表了对她的深情和承诺。每当看到这个物品，都能感受到那份用心和真挚，仿佛这份情感又被赋予了新的生命。

>> 情景剧二

翔宇和雅琪是一对恋人，研究生还没有毕业时，翔宇就早早开始规划两人的未来。一方面，是两个人的工作方向，翔宇不但为两个人选定了就业企业，甚至还制订了晋升计划。为此，两个人必须学习某类知识，考下某个证。为了让雅琪不至于那么费心，他把前期所有准备都做好，只让雅琪准备考试就好。另一方面，是两个人的家庭，翔宇和雅琪共同讨论商定了以后定居的城市，要在哪里买房，孩子会在什么医院出生，在哪个幼儿园上学，在哪里上小学，等等。尽管雅琪觉得翔宇考虑得太遥远了，但两个人一起做这件事的时候，雅琪还是觉得很幸福。

这其实也是在表达自己的爱和幸福感。这种表达虽然含蓄，但感情依然浓烈，因为我觉得现在美好，所以才会规划和你一起的未来，并且觉得未来也美好。

高情绪价值做法三：规划未来法

规划未来也能为对方提供较高的情绪价值。

◎我总是忍不住想象未来，我们的未来应该……

◎亲爱的，要买就买耐用的，我可是想要和你长长久久的。

◎这件事不能这么定，因为它会影响未来的某个问题。

当男生积极规划未来时，他展现出的责任感和前瞻性会为女生带来更高的情绪价值，增强彼此关系的稳固性与幸福感。

解锁情绪价值新内涵

当男生表达幸福感时，不仅是向对方传达自己的爱意，同时还肯定了女生爱的意义，说明女生在他心中占据了重要的位置，她的陪伴、理解与支持不仅让男生快乐、满足，也获得了成长。这种肯定表达非常容易引起女生的情感共鸣，使她更加愿意为这段感情付出和投入。

特别是当男生表达愿意和女生共度未来时，这种价值就不仅限于当下的情感体验，也为未来关系打下了深厚的情感基础。

幸福的爱情莫过于我爱的人也爱着我，我爱的人一直在成就我。向她说出你的幸福感，让爱更加和谐。

学会制造惊喜，而不是惊吓

生活需要调剂品，谁都喜欢一个恰到好处的惊喜，何况身在爱情中，满脑子都是浪漫情愫的女生呢。一般来说，适当给心爱的女生制造惊喜可以增加情侣之间的亲密感，只是男生大多都不懂制造惊喜的尺度，他带着无限的期待，迎来的却可能是女生的惊吓。

>> 情景剧

裕成为了给女友若兰一个特别的惊喜，就模仿电视剧中的浪漫情节，精心策划了一场烛光吉他表演。为此，他还特别邀请了两个好朋友帮他举蜡烛。

若兰一个人住在一个老小区，电表箱在楼道里。晚上，裕成和两个朋友到达若兰家门口，几人悄悄拉下了若兰家的电闸，然后在楼道中排好队形，准备给若兰一个难忘的夜晚。

此时的若兰正在沐浴，突然停电让她吓了一跳，她急忙裹上浴巾，出来找到手机，准备开门查看情况，这时，门外传来了轻轻的敲门声。

若兰问道："谁啊？"

无人应答。

又过了一会儿，敲门声再次响起来。

若兰又问："谁啊？"

依然无人应答。

若兰害怕了，她悄悄走到门口，通过门上的猫眼往外看，只见黑暗中几束烛光摇曳，隐约有三个人站在门口，都戴着帽子，也看不清脸，门外还传来奇怪的音乐，若兰吓坏了，忙打电话报警。

巡逻民警很快就来了，误会这才解开。

裕成的本意是想要制造惊喜，但他深夜造访，又采取断电的方式来烘托烛光氛围，根本没想过断电会给女友造成怎样的恐慌，又在敲门后故作神秘，不做回应，加重了女友的恐慌程度。结果适得其反，女友感受到的只有惊吓。

常见误区

生活中，我们常见有些男生会做这样的事：

◎把在比赛中赢球时穿的球衣直接脱给不喜欢看球的女友，也不顾上面还带着浓重的汗味。

◎把自己最珍爱的游戏账号给从不玩游戏的女友，告诉对方："用我的名号，去大杀四方吧。"

◎节衣缩食买了一套自己珍爱但女友根本不感兴趣的公仔送给女友。

男生做这些事的初衷都是想把自己最心爱的东西分享给对方。对男生来说，这是最好的爱的表达方式，但这不是给对方制造惊喜，这只是在表达你自己的惊喜。有一句俗语叫：汝之蜜糖，彼之砒霜。当两个人站在不同的兴趣圈层，用你的喜好给对方制造惊喜时，对方可能不但不会产生浪漫的感觉，反而会觉得懵，严重的时候甚至会受到惊吓，怀疑你这个人有问题，或者你的爱有问题，这会直接冲击两个人的感情。

所以，如果你想要制造浪漫惊喜，一定要知己知彼，站在对方的角度，用自己的所能来成就此事。

高情绪价值做法一：常规礼物 + 惊喜氛围

当你还没有深入了解对方时，最好选择常规礼物，这样出错的概率会很小，双方都能皆大欢喜。我们可以这样做：

◎精心给她选择一块手表，然后约她一起共进烛光晚餐，用餐结束后，询问对方时间，然后顺势送上手表。

◎知道她要参加一个重要的会议，提前为她精心选择一件饰品。在她装扮自己时，帮她整理服饰，顺手给她戴上饰品。

这种做法有两个重点：一个是精心准备，这代表你用心、真诚；另一个就是惊喜的氛围。尽管饰品、手表、包包都是常见的礼物，但因为那个惊喜的氛围，这件礼物就已经自带光环，能在女生心里产生奇特的效果。

我们看的综艺节目里，同样一句话不同的人说效果就不同，同样一件事不同的人做效果也不同。我们总是认为有些人就是有人缘、有人气、有喜感，甚至会觉得这是老天爷赏饭吃。其实分析一下本质就会发现，这些“有人缘、有人气、有喜感”的人，通常都能为语言、事物添加很多附加属性，使它们能为对方带来更丰富、更有层次感的情绪体验。

任何礼物都不会只是礼物本身而已，它在女生心中到底是什么，还要看你能给这件礼物添加什么样的属性。

高情绪价值做法二：留意女生表达出的期盼 + 漫不经心地送礼物

这是偶像剧里最常见的做法。

你知道女友喜欢某香水，就悄悄买下来，下班后交给女友，说：“今天偶然得到一瓶香水，我也用不上，给你用吧。”

这种做法就是完全站在女生需求的角度来制造惊喜了，所以你可以不用考虑设计惊喜的氛围，有时候漫不经心反而会增加对方的惊喜程度。而她的惊喜程度越高，给你的情绪收益也会越大。

这种模式还不会给对方增加心理负担，因为我不是为了你特意做的，你可以不用感激我，也不用给我回礼，你高兴就好。

在一些偶像剧里，有些高傲的小男生或者霸道总裁就喜欢使用这种模式，他们暗地里非常用心，但一点都不愿邀功，其实看到女生惊喜的表情后，自己心里比吃了蜜还甜。

一般来说，如果你经常漫不经心就能给女生制造惊喜，那么她看你就会带着新奇感，对你充满期待。这也有助于强化亲密关系。如果她明白，这是你费了很多心思打造出来的效果，她就会更感动，更爱你。

高情绪价值做法三：女生未表达但实际需要的 + 共同参与

这种做法一定是发自真心的，因为爱你促使我一直关注你，所以知你、懂你，并疼你、维护你。

◎看到她因压力大而身心俱疲，你可以为她安排一场旅行，然后带着她一起去放松。

◎她恐惧某个人、某件事、某个场所，但又不得不面对时，你可以帮她找到一个应对办法，同时和她一起克服。

在这种模式下，你甚至什么浪漫的话都不用说，语言越实际越好，“我们一起去一趟三亚吧”“我正好也要去见某某，咱俩一起”……这种模式，没有物质、语言带来的刺激惊喜，只有精神层面共鸣的惊喜。

此时对方会产生这样的感受：“原来你这么在乎我”“原来你这么理解我”“和你在一起，我感觉真的很安心”“有了你，我还有什么可怕的呢”……这些都是较高的情绪收益。

解锁情绪价值新内涵

惊喜本身是一种强烈正向的情绪，属于情绪收益。当你精心准备的事物让她感受到惊喜时，她的大脑就会分泌多巴胺，让她的喜悦感持续很久。同时，从挑选礼物、安排活动到营造氛围，每一个细节都体现出你对女生的重视和关心。这种被重视和被关心的感觉，能够让女生感到自己在男生心中占据着重要的位置，从而提升她的自尊心和自信心，进一步增加她的情绪收益。

但要制造惊喜，就得先深入了解她，知道她所喜所爱，能与她同感，和她同频，否则，你制造的可能就不是惊喜，而是惊吓了。要知道，惊喜是情绪收益，惊吓是情绪成本。

惊喜无所谓大小，时常为她精心策划，便能让她时刻感受到新鲜与喜悦。这种情绪收益的持续累加会产生复利效应，能让你们的关系日渐甜蜜，幸福满溢。

爱她就敢放飞她的梦想

有些人的控制欲很强，他们总想将女生圈定在自己的身边，不愿见证她的优秀，更不愿目睹她的成长。然而，在如今的时代背景下，女生的独立意识越来越强，一旦感知到你有束缚她的行为，可能就会躲得远远的。

控制、占有往往源于对不确定性的恐惧和对失去的担忧，但这不是爱。美好的爱会让人变得温柔而强大，所有的爱都应该是对自己的疗愈。我可以爱得自私，不愿意她越雷池；但我一定要爱得豁达，愿意放飞她的梦想。爱她，就应该懂她、成全她、成就她。

>> 情景剧一

浩哲是销售总监，蕊蕊是人事经理，两个人相互暗恋许久，最终由浩哲告白才捅破这层窗户纸。从这以后，两个人的感情迅速升温。公司不允许员工谈恋爱，浩哲想要让蕊蕊跳槽去其他的公司，同时也开始筹划买房、结婚的事情。就在这时，蕊蕊接到了一项外事任务，出任务结束后，她就能独立到分公司挑大梁，还有机会成为公司董事。但这样的话，蕊蕊的职务就要高于浩哲了。

浩哲一下子蒙了，有点接受不了。他劝蕊蕊不要接受这项任务，还是跳槽到别的公司更好。蕊蕊非常生气，因为跳槽到新的公司意味着从零开始，这样好的机会可不一定会再次降临，她说：“凭什么跳槽的一定得是我，而不能是你呢？你在咱们公司的表现也并没有比我更优秀。”这话一下子戳痛了浩哲，有一刹那，他甚至有了分手的冲动，但他控制住了自己。

浩哲借着出差的机会一个人到了另一个城市，在那里见到了自己的大学同学雷雷，没想到雷雷已经成了“家庭煮夫”。两人聊天时，雷雷很自豪地说：“好多人瞧不起我，但我觉得我自己很好。我做家务比我老婆好，我带孩子比我老婆细心。我老婆从来没有瞧不起我，反而觉得我们只是分工不同。现在，我还能直播带货，制作的教育小视频特别受欢迎，女儿又特别爱我，所以我现在幸福感爆棚。”

这话对浩哲触动很大。回去后，他主动找到蕊蕊，表示自己愿意支持她晋升，同时他决定辞职，从头开始。蕊蕊非常感动，于是两人重归于好。

浩哲最初的犹豫和反对，源于对自己地位的担忧和对变化的恐惧，但如果他执意压制蕊蕊，肯定会导致双方关系破裂。受雷雷的启发，浩哲认识到，自我价值的认定不能建立在压制对方的基础上，于是逐渐放下错误的自尊心，真心支持对方的梦想，甚至愿意为她的理想而牺牲自我。

从蕊蕊的角度来说，她看到了浩哲的反省，以及他为了自己做出的退让，享受到了情绪收益而备受感动。从浩哲的角度来说，这何尝不是一种成熟呢？能重新开始，意味着他要接受新的不可估量的挑战，而为了成全，他选择不畏惧。从这个角度来说，也同样会带给蕊蕊情绪收益，因为这意味着浩哲越来越沉稳、笃定、成熟，这也会让她对未来两个人的关系更加笃定。

真正爱一个人，就不会因为对方比自己更优秀而感觉不舒服。

>> 情景剧二

林婉清的工作在外人看来体面、稳定，待遇又好，但她觉得每天压力很大，感觉工作让她失去了自己的生活。同时，她还有一个梦想，那就是做一名编剧。于是，她决定辞职，可父母坚决反对。她的未婚夫赵志远知道后，亲自登门去说服她父母。

赵志远先是拿出两张照片，一张是婉清上班的照片，一张是她以前上大学时安静地写剧本的照片。前一张照片上的婉清满脸疲惫，后一张照片上婉清的表情则安静幸福。

赵志远告诉婉清的父母，从婉清写第一个剧本时，他就是她的读者，他知道她在这个方面动力无限，清楚她在这方面拥有过人的天赋。接着他又摆出婉清剧本获奖的照片，以及在一些平台发表作品的阅读数据。

最后他说："我是这样想的，让蜜蜂去酿蜜比让它去搬家更好；在水源快枯竭的地方掘井，哪怕已经挖到很深，也不如到水源充沛的地方重新掘井更好。"

林婉清的父母被赵志远的话打动了，同意林婉清辞职。可她辞职后，却有很长一段时间内写不出好剧本，就连她自己都开始沮丧了。但是赵志远一直支持她，甚至出钱让她出去游玩采风，寻找灵感。重新回来后，林婉清调整好状态，最终又写出了让自己满意的电影剧本，并且收到了电影制作公司的合作邀约。

支持恋人的理想，不是替她做决定，更不是简单地同意她的决定，而是在她做了决定后，不管她遇到何种状态，都愿意坚定地维护她最初的决定，让她始终充满激情、毫无负担地去实现梦想。

高情绪价值做法一：欣赏 + 乐见其成

不企图遮掩对方的光彩。我们可以这样说：

◎你很优秀，这次晋升的机会很大。需要什么和我说，我会尽力支持你。

◎我很自私，不想和外人分享你的手艺，但这是你的价值，你能帮到更多人，我支持你。

第二个句型提供的情绪价值尤其高，"我很自私"代表我真的珍爱你，但因为“这是你的价值”我又会支持你，有一种忍痛割爱感，这种矛盾表达非常能感动人，同时也能给对方信心，让她放心而坚定地走向自己的梦想。

高情绪价值做法二：主动发掘对方的优势 + 助力成就

有成就对方之心。我们可以这样说：

◎我发现你的织艺很好，我可以帮你做成自媒体，这样你就可以做更多喜欢的事了。

◎你这么能讲故事，干吗不试着自己写？我认识好多编剧，可以帮你推荐。

在这种模式中，需要积极主动、细心观察，发掘出对方的优势与长处。能用爱心和耐心去倾听她的想法，理解她的追求。在明确她的想法之后，再帮助她寻找渠道和平台，为她提供成长的机会和资源。

高情绪价值做法三：互相竞赛 + 合作共赢

不畏惧和所爱的人互相竞赛。

◎若是同台竞赛，那就提前约好：谁都不放水，各显神通。不管谁成功了，都要恭贺对方，同时愿意让出所有资源帮助对方。

◎若是不同台的同类竞赛，如在各自单位都有晋升机会，可以互相提供经验支持对方，合作共赢。

当男人和女人有共同的兴趣、工作或技能时，非常有可能会处于同一场竞赛中。男生首先应从心底乐于看见爱人的优秀，但同时也不必畏惧竞赛，大大方方参与，互相学习、互相提升。拥有良性心态才能有正向动作，有正向动作才会实现合作共赢。

爱情应该是“1+1 ＞ 2”，不能因为相爱，我们反而要在事业上做减法。因为如果事业上做了减法，生活上也就没法做加法了。

解锁情绪价值新内涵

老人们形容年轻人如胶似漆时，常常会用这样的表述：好得和一个人似的。什么叫“和一个人似的”？就是我真正能把你当成共同体，你的喜怒哀乐就是我的喜怒哀乐，你的成长愿望也同样是我的成长愿望，哪怕它可能和我本身的成长愿望相斥，我也愿意先成就你。

一个愿意先成就女生的男生，拥有强大的自信和稳定的情绪，他不害怕被比较、被抛弃，更不害怕自己没有崛起的机会。当然，他也不会放弃追逐自己梦想的机会，只不过他愿意给对方提供捷径，而自己走更难走的路。

这是一种绅士风度，也是一种深刻而崇高的情感表达。它代表着一种超越自我的情感投入，所能提供的情绪价值比任何赞美的话都动听，比其他任何呵护都更有力度。

面对这样的男生，女生感受到的不只是被支持的感动，还有一种伟大的男性力量。这会让她更安心，也更看好两个人的未来。

别怕，你的错我来扛

日常生活中，有不少男生在女生犯错后喜欢指责，让女生在犯错的愧疚、难过中再增加一层负面情绪，以至于好久都难以缓过来。这样的男生，女生是很难与之亲近的。一个有担当的男生，不应该张口就是刁难，而应该主动去做善后工作，这样才能为对方提供高情绪价值。

>> 情景剧

俊豪和景林都在追求婉瑜。婉瑜更喜欢俊豪，因为他长得帅气，家庭背景好，工作也不错。而景林的家庭比较复杂，他还负担着弟弟妹妹的学费。他约婉瑜出去玩，都是选择最省钱的模式。婉瑜总觉得他有点小气。

一次，三人凑巧参加一个营销活动。俊豪是主办方，婉瑜是主办方请来的网红，而景林则是经销商。三人经常要一起开会，景林发现俊豪特别强势，总是要求婉瑜做这做那。表面看，他是甲方，有资格向乙方提需求，但当婉瑜说明某项要求不合理时，俊豪就会说："你自己克服一下。我们要是请别人来，也会提这项要求。我不能因为咱俩的关系就给你开后门。"这让婉瑜非常不舒服，于是她直接怼俊豪："我和你有什么特殊关系吗？别忘了，我们现在在谈合作！"最后两人不欢而散。

景林知道主办方的确这样要求过其他网红，但效果并不好。于是就把当时的资料找出来，在接下来的会议中拿给俊豪看，他说："我觉得既然我们选择了婉瑜，不如就给她最大的自主权。我觉得婉瑜的做法很好，我可以替婉瑜做担保。"

这个时候，俊豪偶然知道了景林也在追求婉瑜，他敏锐地察觉到在这场竞争中他已经处于劣势了。他不想失去婉瑜，更不想让景林赢了自己。于是假意点头称赞景林说得对，他说："我们的目的就是让这次活动更出彩。我这里还有一个方案……"他提了另外的方案，在这个方案里，不但给了婉瑜更大的自主权，还使用自己的特权给了婉瑜另外的福利。

婉瑜很高兴。但在接下来的执行过程中，婉瑜因为说错了一句话惹怒了部分粉丝，搞砸了这场活动。俊豪大怒，狠狠斥责婉瑜："这就是你跟我说的你能做？你就是这样回报我的信任的吗？你不是网红吗？网络语言禁忌不应该比我更清楚吗？怎么能犯这么低级的错误呢？"训斥完婉瑜，他又训斥景林："当初是谁信誓旦旦要来担保的？你现在能负得了责吗？"

其实在婉瑜犯错后，景林就已经开始想补救措施了，当时正好出了一个新闻事件，于是景林给婉瑜拍了一个短片，借助这个新闻事件巧妙解读了婉瑜这句话的含义，获得了大量粉丝的赞同，就连原本恼怒的粉丝也转变了态度，认为自己解读婉瑜的话过于片面了。

听到俊豪的训斥，景林拿出这个短片给俊豪看，俊豪看到网上风向一下就变了，再看销售现场，不但一扫冷淡，还因为新闻事件热度持续飙升而越来越活跃，他无话可说了。

活动后，婉瑜干脆地拒绝了俊豪，她决定尝试和景林交往。

就事论事，指责永远不是解决问题的办法。从这个角度出发，俊豪的做法的确是错误的，无论怎样，应该先解决问题，然后再处理是非对错。

这个案例还涉及一场爱情竞争。俊豪过于傲慢，甚至有些刻薄，当婉瑜犯错时，他的反应是严厉地斥责。他不仅质疑了婉瑜的能力，还对她的人格进行了贬低。这种指责不仅会让婉瑜感到沮丧和失望，还可能对她造成长期的情感伤害。而景林则正好相反，他积极寻找对策，不但弥补了婉瑜工作的失误，还借势提升了营销热度，把工作完成得更巧妙，同时还获得了婉瑜的芳心。

常见误区

生活中常听见男人的指责：

◎你是想让我吃生米吗？电饭煲为什么不加热？

◎让你订张飞机票都做不好，你还能干啥？

未煮熟的米饭、没订上的机票等，不足以让一个人抓狂，真正让人崩溃的是，身边有一个总是只看到你犯错误而看不到你的优点，总是指责抱怨你的人。抱怨、指责就是噪声，自己不清净，让周围的氛围也不得清净。如果是不相干的人，偶尔听一次也就罢了，但若是亲人，就会持续不断给你带来负能量。如果能选择，谁愿意要这样的人成为自己的亲人呢？

很多男人不理解，明明都是芝麻绿豆大点的小事，女人为什么总是喜欢生气。你得知道，小事多了，就是一地鸡毛。

相反，哪怕是对方犯错了，也能保持情绪稳定，没有抱怨，而是冷静地去想办法弥补，为对方承担过错。这样的人，给人提供的不只是当下的情绪价值，更是长久的安全感。

高情绪价值做法一：安抚 + 解决措施

针对能解决的错误，我们可以这样说：

◎不要怕，有我呢！后面的都交给我来做就好。

◎先检查一下，你伤到没有？如果没伤到，你就先坐到一边看着，我给你示范一遍。这样做就不会出错了。

犯错的人最初的反应都是惊讶、恐惧、惭愧等负面情绪，这时的她最需要安抚，“不要怕”“受伤没”，或者干脆给她一个拥抱，都能缓解她的负面情绪。这时候再给出解决办法，就能完全卸掉她的心理负担，让她只剩下对你满满的感激之情。

高情绪价值做法二：安慰 + 分担责任

针对无法解决的错误，我们可以这样说：

◎没事，不还有我吗，我和你共同来承担！

◎别怕，一会儿你站在我身后，让他们冲我来！

◎怪我，这件事也有我的责任，我不会让你一个人受惩罚的。

这种模式适用于那些不可弥补的错误，或者已经造成了较大损失的错误。她也知道必然要承担某个后果，身心都会被强烈的恐惧占据，所以要先安抚其情绪，然后告诉她每个人都会犯错，再和她共同承担后果。当她从负面情绪中走出来时，才能和你一起想减少损失的办法。你们共同承担的过程，就是加深彼此关系的过程。

事后，你和她分析发生错误的原因，她会非常信服你，愿意接受你的意见，也能吸取经验教训，避免下次再犯错。

解锁情绪价值新内涵

男人真正的强大，就是在女人遇到麻烦时，能情绪稳定地站在女人身后，说一句“没事，别怕，有我呢”，并能真正帮助女人解决问题。这种坚定的支持能够让她感受到你的力量和勇气，从而在面对困难时更有信心。你的支持不仅能够帮助她渡过难关，还能够让她更加依赖和信任你。

最重要的是，女生会用情绪感受来解读这种责任感和担当。她认为这是你真心爱她，你舍不得让她承受生活中任何的雨雪风霜，你愿意宠着她、护着她，让她成为世界上最幸福的人。有些女生为了找到这样的真爱，甚至故意犯错来检验男友。

一个值得你爱的人，就值得你替她扛下所有。让她无忧，你自然也能享受到快乐的体验。

第三章 CHAPTER THREE 用情绪收益撬动资源，让事业风生水起

在职场上，我们都希望向上能获得领导的信任和好感，从而得到资源和支持；向下能激发员工的积极性和归属感，从而增强团队的凝聚力和战斗力；在平级同事之间，和谐互助，形成共赢的局面；面对客户，又能精准把握他的需求，从而赢得更多的订单。而要实现这些，我们就得学会用情绪价值撬动资源，让事业风生水起，实现自我成长。

精准响应客户的所需所求

所有的商业服务都有一条核心原则，那就是让客户满意。客户的满意度是衡量服务质量的重要标准，也是企业赢得客户信任、建立良好口碑的关键。只有当我们能够精准响应客户的所需所求，才能真正实现让客户满意，从而建立起长期稳定的合作关系。

>> 情景剧

雪莹是一名东北导游，在冰雪旺季，她带过很多南方游客。她知道这些游客最喜欢的就是东北风情，因此，除了景点解说之外，她还为游客准备了很多民俗特产。

第一点就是东北话。如今东北话已经遍及网络，因为其耿直幽默的风格，大家都乐意听。于是她就准备了一个东北话段子，在车上讲给游客听：

和珅和纪晓岚不和，花茬着（时不时）想扎鼓（修理）他，看到纪晓岚的便服，都忍不住说："你家日子也够呛（不行）啊，怎么榜盯（一直）穿这件，这啥玩仍（什么玩意），磕了吧嗔（丑）

的，袖子整个浪（全部）都是大酱沫子，真特勒（衣衫不整），被皇帝看见，不褶子（坏事）了吗？你也太不着调（上心）了。”

游客们听得哈哈大笑，还跟着学起来。

第二点就是介绍东北民俗。如夏天嚼甜棒，冬天烧炕、打冰钓、吃冻梨。东北的戏剧除了人们熟知的二人转，还有东北大鼓、奉天落子、评书、吉剧、龙江剧等，她还特意学习了吉剧《燕青卖线》，游客听得津津有味。

有些游客甚至还拍了短视频发到网上，使雪莹的名声越来越大。雪莹非常感恩，对游客就更加负责。

有些景区外的商家会和一些导游联合，忽悠游客买东西。但雪莹从来不拿游客做生意。有一次，她看到一位不识货的大姐去买假产品，雪莹就大着嗓门喊：“大姐，别掉队了，走了走了。”

那位大姐冷不丁被人大嗓门一嚷有点不高兴，到底买了一袋黑木耳。看到雪莹带着众人进景区了，也连忙跟了上来，她过来就指责雪莹：“这家商店没给你折扣吧？所以你不让我在这买？是不是到了景区里有和你联合的商家啊？”

雪莹正色道：“大姐，我没有和任何一家店铺联合。我就告诉你，我听同行说，那个商家卖的木耳有问题，有个游客吃中毒了，所以才提醒你。”大姐半信半疑，她拿出来那袋木耳拆开，刚揉搓两下，手上就沾染了黑色。她这才知道自己上当了，连忙向雪莹道歉。雪莹说：“我这人实诚，你们奔我来了，我就要为你们负责。

我嗓门大，可能让你不高兴，但我心也正，不想让你们吃亏。”听完所有游客都给雪莹鼓掌。

在导游平台上，给雪莹评分的人数一直在飙升，她的评分一直稳定在高分上，找她的订单也一直不断。

雪莹做了两件事，一是深入调研游客需求，钻研戏剧艺术，精心准备地道的东北方言段子，旨在满足游客对东北独特风情的浓厚兴趣；二是待客真诚，全心全意为游客负责，使他们在自己的服务区域内不受到欺诈。由于精准把握市场脉动，雪莹赢得了游客的广泛赞誉；由于待人真诚，她还赢得了游客的信赖。

常见误区一

很多人喜欢自以为是地猜测用户的需求。

◎她女儿背都驼成那样了，太需要我们的产品了，可她就是不听我的，以为我骗她。

◎现在都是夏天了，难道还有人不喜欢吃冷饮吗？免费送这个皆大欢喜。

◎小孩子哪有不喜欢做游戏的？只要是游戏，孩子都喜欢！

这三句话有一个共同的特点，那就是过于想当然。破解第一句的想当然，治驼背的难道就你们一家吗？为什么你会给人骗人的感觉呢？破解第二句，有些老人不喜欢吃冷饮，生理期的女孩子不能吃冷饮，身体不舒服的人也不能吃冷饮。破解第三句，你怎么确定你做的游戏小孩子就一定喜欢?

常见误区二

很多人把与客户相处当成任务，当面很会提供情绪价值，但做事却损人不利己。

◎明面上的说辞：“姐姐，您就是我的上帝，我就以服务好您为宗旨，您看这些都是我专门为您申请的福利。姐姐我们关系都这么好了，您可别忘了给我一个高的评分哦。”

◎背地里的心思：“这个客户太抠，没有什么油水，我为啥要给她那么多福利，亏的还不是我自己。”

很多人都要直面客户。服务客户时，我们都知道不仅要有基本的职业素养，还要有一些必要的职业话术，但不要把服务客户当成任务。有些人面对面时，态度谦逊、说话服帖，可做起事来却一心为了利益。也许话术上的情绪价值确实很高了，但客户不是傻子，一旦感受到你不够真诚，欺骗性高，她很快就会离你而去。在用户为王的时代，“吸引用户一次”不是目标，“永远留住用户”才是原则。这就要求我们能够持续为用户提供高情绪价值。

>> 情景剧二

维维是一名广告策划，最近接到了一个果汁饮料广告。为了深入了解客户需求，她不但去了果汁的生产工厂，亲自看流水线，品尝产品，同时还去了各个终端卖场，在卖场一站就是一天，了解消费者在选择果汁时的第一反应，琢磨柜台产品摆放对用户的吸引力，等等。收工后，又买回所有同类产品，一个个比较，最后才开始设计广告。客户看到她这么认真负责，非常信任她。当她提出提案时，客户管理决策层一致通过。年终，客户还专门到维维的单位为她颁发了客户满意奖状。

维维负责的有两种用户：一种是直接用户，即广告主——供应商；另一种是终端用户。她做事不怕费事，不怕费神，深入现场，认真调研，多番比较，寻找产品特色，就是要找到终端用户的购物习惯和心理需求，只有产品能打动用户，供应商的产品才能打开销路。而扩大产品销量，就是广告主的真正需求。

高情绪价值做法一：深入调研 + 细节入手

为客户提供高情绪价值，不能只体现在语言上，而要更多的实际行动。

◎进入现场，多看、多走、多问、多思，这才是深入调研。

◎划定真正的用户群，避免被非用户的所思所想干扰。

◎关注细节，在细节里找到突破口。

很多时候，要真正知道客户的需求，必须有认真负责的态度，而不要只在语言上做表面文章。多一些实地调研、细节观察和认真思考，我们才能看清客户的真正需求。

高情绪价值做法二：深入了解 + 敢于反驳 + 给结果

有些客户会根据市场上的做法提出需求，但那未必是他当下真正的需求。此时，我们得学会高于客户思考问题。

◎您的终极目标是提升辣酱销售业绩，因此我觉得您只设计包装袋欠妥。因为有大量同类商品可供选择，咱们产品不够突出。我建议您可以再设计一些货架贴、热卖牌、插卡等，让用户走进通道前就能看到产品。您看一下，这是我们设计制作的前后一周用户关注度、购买度的视频和数据。

这才是真正站在用户的角度去思考问题：我知道您的深度需求，并真正去现场做过调研，还在未和您签订合同之前，就已经替您做了改善对比，把效果视频和数据都带给您。

当你执行到位，用数据说话时，对方就会认同你的价值，同时还会产生信赖的情绪感觉。

解锁情绪价值新内涵

在服务客户时，情绪价值是表示能触达客户内心的情感力量。在这个过程中，语言表达当然要有技巧，可以学习一些话术，但更重要的是传达真诚负责的态度。若想让客户感受到真诚，更需要用行动体现出来。多看、多听、多问、多思。用户只有看到你的行动，才会真正感受到被重视，产生信任与安心等正向情绪。

当客户无法明确自己的需求时，我们也可以反驳客户给的任务，但需要反复印证自己的想法，同时最好能进行小面积实验，让客户直接看到效果。此时再进行说服，客户就会带着惊喜、感动以及尊重等正向情绪，愿意认真听你说明，并进而接纳你所提出的意见。

用心才能贴心，用心才能暖心。要让客户满意，唯有用心，用心才能在每一次与客户的沟通中产生情感的正向交流，建立持续稳定的商业关系。

真诚赞美同事，巧妙表达“嫉妒”

面对优秀的同事，如果我们巧妙使用嫉妒这个词来表达羡慕之情，就能给对方提供高情绪价值。

>> 情景剧

丽娜和志强都是选品师，但是志强选择的商品成为爆款的概率非常高。在公司年会上，志强当选为公司最佳选品师。在大家恭贺志强时，丽娜趁机说：“大师，你可真是让人‘嫉妒’啊！为啥每次爆款都出自你手？你说一次吧，是幸运；两次吧，是福报；这接二连三的，就有点门道了。大师，能不能给我们这些‘臭手’一点点提示，让我们也能提升一点业绩？”

有几个选品师同时附和道：“对啊，大师，我们愿意拜师。”志强刚领完奖，心情舒畅，就随口给几个人提了一些指点意见。这当然不是他的看家本领，但都是干货，同行们还是学到了。于是丽娜说道：“哦，听完真是醍醐灌顶啊。看来我们该嫉妒的不是你得奖，而是你这颗脑袋。这颗脑袋看着小，装的东西可不少。”同事们哈哈大笑，志强也笑了，呸了一声："你脑袋大，行了吧！"

丽娜说的是"嫉妒"，但志强听到的是赞美。丽娜的语言技巧非常高，用了很多个关键性词语。第一，"嫉妒"这个词用得很好，比直接说羡慕传达的情绪更丰富。第二，是"大师"的称谓，这是在肯定，也是在恭维。第三，是说志强多次打造爆款这件事，这是在说志强是凭实力得奖，表达自己是真诚恭敬。第四，只要"一点点提示"，大家是同行，鉴于"同行是冤家""教会徒弟饿死师傅"，为避免志强产生逆反心理，只请求，不勉强，多少随意。最后，是感谢，丽娜把感谢的话也说得特别有技巧，首先是赞美，"醍醐灌顶"，然后说"该嫉妒大脑"，说明志强做事好的原因是善于思考。

像丽娜这样用"嫉妒"的话表达，就能有突出的效果。那么，如何用"嫉妒"表达出高情绪价值呢？

高情绪价值做法一：最突出的事 + "真让人嫉妒"（模糊具体的人）

面对当事人表达时，我们可以先说他优秀的事，再加上"嫉妒"情绪，就容易让对方产生情绪满足。

◎你的直播课数据好到令人发指！真让人"嫉妒"啊。

◎有那么多学员给你留言，他们的说辞还都特别具体，没有一个"好"字，却满屏都是好，你这"魅惑人心"的能力真让人嫉妒！

◎我们和客户最多也就是在业务上形成相互信赖的关系，而你和客户真是心心相印，你搬家就有三位客户主动来帮忙。我们除了嫉妒，就只剩下望尘莫及了。

这三种表达法都很好，不会让人产生你善妒的感觉。因为这里有两个表达重点。第一，先把具体的事说出来。这件事一定是让对方感到骄傲、众所周知的，先让对方产生一种“我被赞扬了”的情绪感知。第二，“让人”这个词的用法，模糊了“嫉妒”这种情绪具体的发起人，可以是我，但不一定是我，进一步让听者的感受重心向前一句倾斜，因为太优秀了，才被人嫉妒。

另外，前两个句子还用了很多修辞手法。第一句、第二句是反说，“令人发指”也是一个常用流行词，大家都熟悉，不会给人太突兀的感觉，也不会让人产生误解；“魅惑人心”听起来好像是反话，但其实是赞美对方有吸引力。同行之间的赞美更不好说，说得轻了让人感觉虚伪，说得重了感觉被人压一头 。所以，加一些“反语”适当表达一下“嫉妒”的情绪，反而会带给对方真实的感觉，让对方更加快乐。第三句话比较实在，除了“嫉妒”别无他法，因为我们确实实力不够。

这里有一个关键点，即我们是在表达“嫉妒”而不是真的嫉妒。表达“嫉妒”的最终用意其实是对同事的赞美。

高情绪价值做法二：自己的优势 + 向别人表达嫉妒某人

当我们面向第三方时，也可以表达对某人的“嫉妒”。

◎你说我做得好，我实话和你说，还有一个人比我做得更好，好得让我嫉妒。

◎在这方面我不是最优秀的，因为还有他，他的优秀让我嫉妒。

这种表达法也很高级。用自己的优势来抬高别人，虽然用的是“嫉妒”一词，但其实是更地道的赞美。

不过，嫉妒到底是一种负面情绪，还是越少表达越好。你表达多了，即使你没有嫉妒心，大家也可能会想当然地把你列为善妒之人。

解锁情绪价值新内涵

> 嫉妒和羡慕都是针对对方的优势，前者是负面情绪，后者是正向情绪。面对同事，羡慕能给人带来情绪收益。但在某种程度上，“嫉妒”给人带来的情绪收益会更大，因为“嫉妒”是巧妙的、变相的赞美。
>
> 但我们的目标是要维护好关系，所以不能真的嫉妒，而是把“嫉妒”当成赞美的特殊用法，用以表达对对方的钦佩、羡慕。

同事之间，正确使用“嫉妒”这个词，采用嬉笑怒骂的方式，既不会过分疏离，也不会显得“油腻”，很容易融洽同事之间的关系。

勇敢承认对手的闪光点

很多人把对手当成眼中钉、肉中刺，总是恨不能打败他，其实大可不必。当今是一个竞争社会，对手比比皆是。能够利用好对手的力量，我们不但不会受到竞争的打击，反而能稳定成长。

对手其实是这样一种存在：你今天创新棋高一着，我明天突破领先一步。用积极的态度看对手，他就是我们进步的动力。因为有对手存在，我们不敢懈怠；因为有对手存在，我们要学会拓展思维；因为有对手存在，我们凡事都会保持谨慎，反复验证思维。因此，对手值得我们敬重。

当我们用敬重的心态去看对手时，就是在尊重自我。我们只有不轻视对手，深入研究对手，并向对手学习，才能找到自我提升的方法。

>> 情景剧

李梅和万澜都是网红，两人都是以做化妆品“种草”起家的，在参加同一个娱乐平台的节目时相互认识。李梅是后辈，非常谦逊地说："我的粉丝经常向我推荐您的'种草'日记，有机会的话，我要好好向您请教学习。"万澜说："可别这么说，您虽然起步晚，但粉丝增长速度快，平台管理员经常提到您呢。"虽然是同行，但初次见面，两人都对对方有好感。

不久，两人先后获得某国际大品牌的邀约，为该品牌做宣传。在试水期，李梅明显处于劣势，万澜给品牌带来的销量是李梅的5倍以上。为了提高业绩，李梅反复看万澜的内容，一个字一个字地去分析，一个表情一个表情地去研究，琢磨了又琢磨，然后从话术、文案等方面做出了一组又一组对照，紧接着再向铁杆粉丝询问哪种模式给人的感觉更好。

就在李梅研磨学习期间，万澜打来电话，对她说："这段时间我一直在看您的宣传片，我觉得您的广告语简洁却有冲击力，我琢磨了很久，也没有想到更好的。"

李梅猜不透对方的用意，但她还是说："太谢谢姐姐了。我这段时间也一直在研究您的宣传片。我觉得有这么几点优势……"说着她非常坦诚地把自己的研究大致和万澜说了一遍，反正这也不是什么商业机密，顺便探探万澜是否有新的创意。

万澜来了兴致，说："您也太费心了，做了这么多功课。不过做功课面要拓宽，不能光看我一个人。我还做了其他功课，不仅有国外博主的，也有国内其他行业做内容的博主。我梳理了这些人的优势，您要不要看？"

“看看看，当然要看了！姐姐，我太谢谢您了。我们俩现在是对手的关系，您为什么选择在这个时候打电话帮我呢？”

“我们只是共同接受了品牌的邀约，但不是永久对手的关系。我打电话来就是想互通一下有无，因为我们都对这个品牌的市场做过细致的调研，有些话我们俩说得更通畅。当然，您的机密我不涉及，我的机密您也不会强求，我只是想寻找一些可以合作的领域。”

看到万澜如此开诚布公，李梅非常开心，两人又聊了好一会儿，最终获得了很好的头脑风暴效果。在接下来的正式宣传中，两个人都取得了非常好的成绩。

很多人不相信这样的故事，觉得这太理想化了。对手对手，对立之敌，彼此是竞争关系，只有你死我活，哪有什么互相合作？

其实，虽然对手之间确实存在对立和争夺市场的竞争关系，但这并不意味着他们永远无法合作。实际上，随着市场环境的变化和商业模式的演进，合作往往成为实现共赢的必然选择。

我们看综艺选秀节目，贯穿整个节目流程的就是竞争合作。大家既是对手又是队友，既需要有极强的竞争能力，同时又要善于合作。未来的职场、商业市场必然也会如此。我们在某个阶段、领域可能是对手，但在另外一些领域、阶段又可以合作。

而且，如今商业形式正在走向细分领域。这意味着每个企业或个人都可以在自己擅长的领域里精耕细作，形成自己的特色和粉丝群体。在这种情况下，互通有无不仅能减少不必要的竞争损耗，还能实现资源共享和优势互补，从而达到共赢的效果。

当然，彼此毕竟还有对手这层关系，各自也应该守住自己的底线，不该碰的禁区绝对不能碰，这是做人的基本素养。

常见误区

有些人对于远在天边的对手或者比自己强很多的对手会充满崇拜，愿意承认对方的闪光点，但对于近在咫尺的同事或者双方水平差不多的对手就会充满不屑，会产生一些思维误区。

◎他有什么了不起的？我看他没比我强多少！

◎我承认他优秀，不就是在贬低我自己吗？

当你有这种思维时，其实就是在给你自己积累情绪成本，你会鄙视、轻慢对方，而不会去真正了解他，更不会去学习他。其实越是近在咫尺、彼此差距不大时，越应该承认对方的闪光点，这样，你的格局才会显得更加宏大。你承认对方的闪光点，并不会导致自我贬低。相反，由于你心胸开阔，反而能获得更多人的肯定。

为对手提供情绪收益，实则是在为自己的成长与进步铺设基石。那么，如何为对手提供情绪收益呢？

高情绪价值做法一：真诚赞美 + 分享交流经验

赞美是促成正向情绪最基本的方式。

◎这个点子太“有嚼劲”了，越琢磨越有意思，您当时是怎么想到的呢？

◎您这种做法真是开了这个领域的先河，给太多创业者开拓了一条新路。您对我们这些后来者有什么建议吗？

我们前面讲了很多把赞美的话说得恰到好处的方法，这里不再赘述。反正只要能夸到对方的自豪点上，这时候对方多多少少都会说一两句。对方如果足够自信又心胸开阔，那么你就会学到很多。即使这两句对你毫无用处，赞美的话也不会白说，至少你与他建立了良好的关系。这样，当彼此竞争不是那么突出的时候，就会有合作的机会。

高情绪价值做法二：主动结交 + 提供帮助

正好对方需要，正好我有，此时就特别容易建立良好关系。

◎遇到麻烦了？这个我擅长，如果您愿意，我想和您一起解决，怎么样？

◎您在找这个吗？正好我有。如果您愿意的话，可以拿去用。

每个人都有自己的优势，自然也会有自己的短板。选择自己擅长的领域主动为对方提供帮助，也可以为对方提供好的交流体验。

当然，如果对方知道你的对手身份，那他可能会猜测你的用意，这时候你就可以开诚布公地表达想要结交之心，并说明彼此不会是长久的竞争关系。只有如此，才能卸掉对方的心理防御。

解锁情绪价值新内涵

敢于承认对手的闪光点，首先，会给对手带来情绪收益，被对手肯定几乎能让所有人产生满足感和自豪、自信的情绪体验。其次，能给自己带来情绪等多方面的收益。如果能和对手沟通，掌握一些信息，学习一些技巧，获得一些信息，那也就获得了进步的资本。如果能和对手建立好关系，那么在当下或者未来还可以获得合作共赢的机会。最后，敢于承认对手的闪光点，不管你是否比对手优秀，你都能获得局外人的赞誉，让他们看到你的心胸格局。

胜负永远是暂时的，格局才是一世的。格局大才能做大事。你其实是在释放吸引力，这么做能积累隐形情绪资源和人脉资源。在合适的机缘下，一定会有人愿意找你合作。

合作时，主动与人同频

同频才能引发共振。无论是在职场还是商场，与人合作都是必不可少的。为了吸引更多的合作者，确保每一次合作都能顺利进行，我们必须学会主动与人同频。这需要我们能够站在对方的角度，深入理解他们的言行和需求，并适时调整自己的节奏，力求与对方产生共鸣。这样，我们便能更好地与他人协同合作，实现共赢。

就像运动会上的二人三足比赛，无论个人素质多么出类拔萃，此刻都必须向对方看齐，保持步调一致，才能携手迈向胜利。在合作中，和谐是首要的因素，各方需要围绕平均水平调整各自的指标，确保整体协同，从而共同实现目标。

>> 情景剧

在一个大型工程保险项目的招标活动中，宇信保险和铭诚保险携手应标。宇信保险负责这次招标的是经验丰富的志宇，而铭诚保险的负责人则是初出茅庐的振铭。

铭诚保险虽然有一定的影响力，但规模与实力都与宇信保险相去甚远。振铭又是首次参与如此大型的招标活动，做事稍显生涩。于是他非常真诚地跟志宇说明了自己的困窘。

志宇特别擅长处理大型且复杂的工程保险招标任务。他们团队不仅具备深厚的保险专业知识，更对各类工程项目的风险点有精准的判断和把控能力。他们团队在合作之前就已经制定了一份相对详尽的方案。因此，他成竹在胸并安慰振铭："放心，既然我们是合作伙伴，肯定要同进退。"

志宇非常热心，说到做到。他专门抽出一天时间耐心地给振铭和他的助理讲解招标流程、评审标准、可能遇到的问题以及他们这次应标的重点。他还让自己的助理整理出一份详尽的备忘录，逐项列出了活动的注意事项和应对策略。振铭觉得豁然开朗，也信心十足地投入工作中。

两个团队开过几次会后，志宇又和振铭进行了一次沟通，他非常直率地说："你们团队的优势非常显著，您也积累了丰富的经验和数据，我认为您能够为客户提供更加精准、高效的保险服务。但有一点我还是想要提醒您，我觉得您的团队部分成员的工作方式稍微有点问题，做事浮躁，这会给客户留下不太好的印象，可能会影响招标结果。当然，也可能是我看得比较片面。我呢，只是想要更全面地预防危机。"

经过这段时间的接触，振铭发现志宇这个人热心、实在，他非常信任志宇，于是大力整顿团队。

在接下来的合作中，两支团队都展现出了极高的职业素养和团队精神，能够站在对方的角度思考问题，互相支持、互相补充。经过一段时间的紧张筹备和激烈竞争，最终宇信保险和铭诚保险成功中标这个大型工程保险项目。在业界，两家保险公司的合作信誉值也开始飙升。

这远非简单的几句对话或表面的互相帮助所能涵盖。这是一种深层次的理解和共鸣，需要双方在思想、情感、行动上都达到一定的默契和协调。因此，双方必须都能放下芥蒂，深度信任对方，并能够协调节奏，共同面对问题，直接解决问题，而不是把时间和精力都浪费在彼此猜疑、比较的内耗中。

常见误区

很多人害怕影响合作效果，不敢对对方的行为直言，不断迁就对方，默许错误持续发生，只能在心里抱怨。

◎哎呀，真烦，他老是犯错，对结果影响太坏了，但我又不好说他，不然会影响感情。

◎算了，他又不是我什么人，我不好说他的错误。希望他能够主动反省，自己承担。

有些事情，只有旁观者清，等着局内人主动发现错误，恐怕会影响大局。作为合作者，对于一件影响最终结果的事，我们必须要零容忍。主动同频，虽然是要为对方提供高情绪价值，但并不是放任迁就对方的一切错误，因为此时维护关系不是终极目标。

如果对方也看重合作结果，那么当你指出他的错误时，反而是给他提供了更高的情绪价值。当然这种情绪价值是一波三折的。一开始他也许很尴尬、难过，这是负面情绪，但既能让他看清事情真相，又给了他改进的机会，避免更大的错误，他自然会庆幸。如果合作成功，他就会看向更高远的地方，产生愉悦的情绪。整个过程，情绪收益大于情绪成本。

当然，这个过程也要注意语言技巧，尽量降低情绪成本，增强情绪收益。如果对方心胸狭隘，听不得正确的话，那么他就不适合当合作者，不同频也罢。

但无论如何，能主动与人同频，积极与人互动，就能为人提供情绪收益。

高情绪价值做法：认清各自长短 + 肯定对方 + 持续积极反馈

真诚认可对方的优势是建立良好关系的关键，但在这之前，一定要先认清各自的优势，肯定对方的优势，同时主动展示自己的优势。

◎您在某个项目中的创新思维和解决问题的能力太让人惊艳了，所以我才会选择和您合作。而我的优势是（说明自己的优势），您也是认可的，希望我们能合作愉快。

在合作过程中，要勤沟通，同时注意沟通技巧。

◎在您的建议下（说明具体建议），我获得了进步（说明具体的进步）。我也看到了您的进步（具体说明）（注：特意点名这个进步，是因为这是我输出的认知和技能），我也非常感谢您的理解。我们现在节奏一致，我觉得我们合作会非常愉快。

这个话术其实就是中规中矩的肯定赞美与细节描述。描述的过程很有意思，它有一个前提，那就是双方都能认可各自的所长，都不忽视各自的所短，并且双方都能在自己的所长上发挥作用，在自己的所短上受益于对方。很显然，这是合作和谐的关键。

也就是说，我们与人同频，不但要看到对方的长短，同时也要让对方看到自己的长短，双方都能认可对方，这样才能做到同频共振，也才能放下所有的芥蒂，相互信任。所以积极反馈很重要。

反馈首先代表我在倾听你，理解你，执行你的建议；同时，我也在观察你，检验你，看你是否在执行我的建议。这种沟通交流的关键就是让双方更加透明。这里的透明是指双方在合作中所需的认知、技能和资源等都能大方地展示给对方，方便对方理解自己的需求，促进和谐共鸣。

一谈及情绪价值，许多人常误以为仅是单方面的付出，意图为对方创造愉悦体验。然而，真正的沟通是双向的，情绪价值的流动亦应相互滋养。良性沟通建立在情绪顺畅流动的基础上，双方互有收益，方能持久。单方面的付出只会带来疲惫与不满，甚至滋生抱怨与怀疑，阻碍有效沟通与合作。因此，我们需学会在沟通中平衡付出与收获，让情绪价值在双方间自由流动，共同创造和谐愉悦的交流氛围。

主动同频，不仅意味着主动展现自我，更在于积极激发对方的真实表达。合作中，人们往往乐于展示优点，却回避缺点。然而，合作本质上是一个逐步暴露与接纳的过程。我们应勇敢面对缺点，因为它们是可改正、优化的。只要敢于正视，就能不断进步。在此过程中，语言沟通技巧至关重要。多肯定对方，主动反省，并适时给予积极反馈，有助于双方以更正面的情绪对待合作。

一个积极与他人同频的人，往往能吸引更多关注，结下深厚的人脉。当合作机会来临，他们自然容易成为首选。因此，主动同频不仅是沟通的艺术，更是合作的智慧。

给下属造梦，不如为他圆梦

梦想也是一种很特别的情绪价值，它能让人对未来充满希望，产生奋进的动力。为下属造梦，是很多领导的必修课。

其实，给下属造梦，不如为下属圆梦。大多数年轻人都有自己的梦想，一个领导若能积极与下属沟通，就能发掘出他们的兴趣爱好、对未来的规划以及个性追求等，进而激发其潜能，为其提供资源支持，在其受挫时敢于替他承担。

>> 情景剧一

刘恒年轻时正好赶上互联网商业大潮，于是他便投身创业大军中，经历了多次失败后，才成功创立了一家公司。就在业务蒸蒸日上时，副总王雷却提出辞职。刘恒允诺提高待遇、增加团队人数等，但这些都没有让王雷动摇。刘恒很生气，觉得王雷忘恩负义，因为他对王雷寄予厚望，不惜将公司的主要资源都倾斜于他，希望他能带领公司更上一层楼。

但刘恒左思右想，最后还是决定自己后退一步，成全王雷。于是他找来王雷，说："我知道你想创业，而我也正想要投资一家公司，想不想合作？"王雷一下子没明白刘恒的意思。刘恒继续说："我想得很清楚，你比我有创造力，也适合当下的创业形式。这个公司由你来做，比由我来做更好。"王雷试探着说："可如果由我来做，那就是我的公司了。"刘恒肯定地说："那当然，从项目选择到团队创建，所有与管理有关的我都不参与。我只是投资人，享受最后的收益。当然，如果创业失败，我和你共同来承担后果。"

王雷知道刘恒这个人很大度，但他没有想到有这样的格局，忍不住问了一句："为什么？为什么你会给我专门开一家公司？"刘恒很坦诚："首先，从我的角度来说，我知道你一走，肯定要带走大批骨干，这必然会让公司发生'地震'。其次，从你的角度来说，你的梦想就是创业。你年轻，极具前瞻性，但你资金不足，经验不够。从我的平台起步，人脉也都打着我公司的烙印，你创业的压力必然很大，再优秀的人也不能确保一定成功。我觉得只要我后退一步，我们俩就能实现双赢。"

王雷很惭愧，他说："我真的很钦佩您的胸怀格局。您考虑得这样周全，我自然愿意接受这个建议。"

你在这个案例里看到了什么？是刘恒很无奈，还是刘恒很睿智？如果是后者，那说明你开悟了。王雷想创业，刘恒就专为他开一家公司，随便他折腾，有风险和他一起承担。他给王雷的情绪价值，比买 2 元的彩票中了 1000 万的惊喜还高吧？

可你仔细想想，刘恒亏吗？若刘恒不这么做，王雷离去，必然带走核心团队，其创业方向若与刘恒的公司重合，必然会给刘恒造成重大打击。而现在，刘恒为王雷创设公司，公司名义上是王雷的，实则刘恒是幕后投资人，享有王雷创业的收益。即便创业失败，刘恒也仅损失了初始投入。

更重要的是，王雷在创业过程中，必然会优先考虑与刘恒公司合作，形成互利共赢的局面。而其他员工看到王雷的待遇，也会更加忠诚于刘恒，因为他们深知，只要表现出色，同样有可能获得刘恒的投资与支持。如此，刘恒不仅给王雷提供了高情绪价值，稳住了王雷，也给其他员工提供了高情绪价值，激发了他们工作的积极性，可谓一举两得。

高情绪价值做法一：向下属规划看齐 + 适当提要求

先给，然后再取。

◎这次提案你独立做，我知道这是你的梦想。凭我的经验，你这次提案肯定能成。这样项目启动后，你就可以连带着把另一个同类案子一起完成，会省很多事。

◎我知道你想成为组长，作为过来人，我给你一点建议：如果你能让更多人做事，那么你的优势就能被广泛认可。你要不要跟一跟落后同事的方案?

每个员工都有自己的未来规划，在具体的工作进程中，也都会有所需所想。作为领导，在一定程度上可以调整自己的节奏，向员工的未来规划看齐，随时替员工圆梦。员工的人生规划越顺畅，对领导的信任自然也会越来越高。

只有平时真诚地对待下属，能站在他们的角度，多替他们考虑，他们才会把这个句型看成递进。他们会明白：领导能给机会却给不了进步，能给方向却给不了能力。下属所有的梦想必须靠自己一步步积累去实现。即使领导给下属任务，那也不是领导的附加条件，而是自己实现梦想的必要条件。

>> 情景剧二

伟力的下属好多都已为人父母，他听他们吐槽，学校每年都会给孩子布置课外实践课作业，孩子们常常犯愁不知道去哪里做。伟力决定在工厂特设亲子实践日：每年精选两天，在这两天，员工可以带薪陪孩子们参观工厂，孩子们不仅可以观察流水线作业，还有机会亲自尝试。实践课结束后，还设有颁奖环节，让孩子们为获得优秀员工的父母颁发荣誉奖状。

伟力鼓励员工以工厂主人的身份，积极参与并深入了解全部运营流程，这样在带领孩子参观时，能够讲解得更加生动、具体。员工可以对任何环节提出意见或建议，若被工厂采纳，也会在亲子实践日获得表彰。

这一创新举措赢得了下属们的一致好评和热烈支持，他们真的主动以工厂主人的身份积极参与工厂的运营，为工厂的发展提出了很多宝贵意见。

伟力的做法恰到好处，不会让人生厌。因为他切中了父母们的需求，在孩子们面前，所有父母都希望展示自己优秀的一面。把自己当成工厂主人，那一刹那产生的自豪感和归属感，足以激发他们的责任感和创造力。

高情绪价值做法二：满足需求＋以梦造梦

◎我们公司和合作公司专门为年轻人举办了一场联谊会，红娘我们就不当面做了，自己的缘分自己去追啊。但是得提前说明，你们是公司的形象代表，咱们公司在外的形象一直是认真负责、信誉度高，别给公司丢人。

这位领导的做法和说辞都比较接地气，为年轻员工举办联谊会，这是把下属当成自己人，替他们操心人生大事。这样，后面的要求就不会给人压力，员工反而愿意代表公司，呈现其理想的一面。

梦想是每个人内心深处的渴望和追求，它会给予人们希望、目标和动力，让人在追梦的过程中体验到无限的喜悦和满足感。领导有资源、有经验、有能力、有前瞻性，认可下属的梦想，下属会感到激动；支持下属的梦想，下属会感到安全有依靠。领导只有不光用语言支持，还用实际行动表达支持，才能极大地激发下属的积极性和创造力，使他们主动去思考问题，并愿意按照领导的指引去实现自己的梦想。圆梦成功时，下属不仅能收获成就感和自豪感，更会感激领导，对领导有信赖感，对团队有归属感，他们会更愿意为团队付出，更加珍视与团队成员之间的合作和友谊。

作为领导，要想让团队价值最大化，就要能主动成全下属。你能替下属圆梦，你的未来就会有好梦。

做老板，得有情绪承载力

什么是情绪承载力？简单来说，就是指在面对各种情绪压力和出现情绪波动时，能够保持相对稳定的情绪和积极的心态，并有效处理情绪的能力。

对于老板来说，情绪承载力尤为重要。他们需要面对各种挑战和压力，同时还要处理员工的情绪问题。一个具备高情绪承载力的老板能够经常保持冷静和理智，做出明智的决策，并在团队中营造出积极向上的氛围。

>> 情景剧

妍希以自媒体起家，由于踩准风口，快速赚到了第一桶金，并创办了自己的文化公司。她高薪挖来了两位“大神”：一位是原公司领导，一位是她的老客户。他们都是行业精英，能力超群，自信果断，但在大公司工作已久，身上也有一些通病，对平台、团队的依赖度较高。而妍希的员工都是新招聘进来的，团队还很不成熟。这导致两位“大神”工作起来很吃力，就有些沮丧，加上妍希的老客户年纪稍大，便萌生了退意。

妍希意识到了，马上找他们谈话。首先，她肯定了他们的能力，并真诚分析了他们工作吃力的原因。她说：“我很抱歉，是我没有组建好团队。你们策划得那么好，但执行力不到位，只能看着流量一点点擦身而过。我的公司刚成立，规模小，我挑选的这些员工虽然经验少，但动力足，潜力空间很大。我相信我的眼光，请给我一点培养员工的时间。这是我制订的培训计划，也请两位老师帮我参谋一下，提提意见。”

这两位“大神”看了妍希制订的细致、周密的培训计划，相信她已经深思熟虑过了。他们觉得妍希洞察力、领导力、执行力、协调力都很强，做事靠谱，未来可期，于是心里就都踏实下来了，同时也很自觉地帮助妍希培养团队。

首先，面对两位行业精英的沮丧和退意，妍希以平和的心态接纳了他们，并与他们进行了深入的沟通。她坦诚地承认自己的不足，并分析了原因。这种自我反思和真诚沟通的态度，不仅缓解了他们的负面情绪，也让他们感受到了妍希的诚意和决心。

其次，妍希展现出了强大的情绪感染力。她坚信自己的眼光，相信自己选择的新员工。这种乐观和自信的态度，也感染了两位行业精英，让他们重新燃起了对团队的信心和期望。

最后，妍希制订了周密而完善的培训计划，还积极征求两位行业精英的意见和建议，既让他们看到了她负责的态度，又让他们看到了她的实际能力，同时还激励他们也参与团队建设中。因为觉得妍希靠谱，两位行业精英才愿意留下来，并愿意为团队发展贡献力量。

那么，老板怎么做才算是有情绪承载力呢？

高情绪价值做法一：低谷期给希望 + 活跃气氛

当团队陷入情绪的低谷时，老板能给予切实的希望。

◎我已经谈妥这笔投资了，证明我们团队的实力是被人看好的。大家都支棱起来，给出结果，我们就可以直接拿到投资了，到时候每个人都有奖金。

◎上个项目失败了，我们进行了复盘，找到了原因，我们私下做了改进实验，也取得了成功。这个新项目虽然竞争者更多，但我们是唯一一个有经验的，我相信胜利会属于我们。

激励士气、活跃氛围的话好说，但员工如果没有切实的希望，气氛还是很难活跃起来的。因此，作为老板，我们私下里需要做大量的工作，要从多个维度给公司找资源、找助力、搭建人脉，同时还要制定预防措施。一旦团队陷入失败的低谷，能给出员工看得见的希望，这时候再予以激励，效果会更好。

高情绪价值做法二：协调团队成员关系＋鼓励合作

当团队成员出现矛盾冲突时，老板要有睿智的解决办法。

◎你们都是我团队里的精英，我不能偏袒你们。我有两个方案，你们自己选择：一，到不同领域工作，但你们俩都得从零开始。二，我给你们资金，你们俩单独成团，和别的团队 PK，强迫自己去发现对方的好。

这种说辞和做法会让两个人都能感受到安慰，因矛盾而产生的负面情绪就能得到舒缓。这两个可供选择的方案，第二个方案明显好处更多，但这就得要求他们自己去缓和矛盾。把问题抛回给他们自己，让他们自己解决，才是真正做到公平公正。

高情绪价值做法三：给机会＋敢兜底

作为领导者，既要为员工提供展现才华的舞台，也要勇于为他们的失误承担责任，敢于兜底。

◎明天的策划会你想不想主持？甭担心，我会坐镇现场，不会让你冷场。

◎你这个思路挺有创意的，大胆去实施吧。中途有任何问题，都可以来找我，由我来担着。

◎这个提案是你做的，就由你来负责和客户的沟通。放心，我会和你一起去，客户如果提出你不能解决的问题，我再说话。

要让员工成长，我们就得给员工进行自我挑战创造机会。同时还要能用语言、行动给他们安全感、信赖感，让他们自信、镇定地去面对任务，完成挑战，而不必陷在恐惧、焦虑等负面情绪中。

解锁情绪价值新内涵

作为老板，不但要在面对压力和挑战时能够保持情绪稳定，同时还要能在团队成员出现情绪波动时，及时安抚、激励、回应，为成员传递热情、乐观、希望、安全和信任等积极情绪体验。

当团队成员情绪低沉时，老板应激励其斗志；当团队出现裂痕时，老板需协调矛盾，安抚人心；在面临挑战时，老板还要坚定信心，为团队指明方向；在取得成就时，老板要分享喜悦，鼓舞士气。

有时候，老板的情绪承载力会决定团队的实力。

第四章 日常交际，多点理解就多些和谐

CHAPTER FOUR

日常交际中，展现高情商的关键在于真诚、理解和尊重。面对得意者，给其展示的机会；面对失意者，要读懂他的不易；面对开朗而孤独的人，要给他们放松的交往环境；面对内向的人，不必强求。若自己失言或尴尬，要学会冷静道歉，幽默化解。通过细致观察和适时调整，我们就可以在交际中营造愉悦氛围，展现高情商。

给得意的人展示的机会

许多得意的人最大的满足就是能在众人面前炫耀。古代考上状元要沿街夸官，喜结良缘要广设宴席。如今有些人别说功成名就要大摆宴席，就是买了一件别人买不到的限量品，都要发个朋友圈，展示自己的得意。

因此，如果我们和春风得意的人沟通，就可以巧妙地提出问题，为对方提供展示自我的机会，使他产生愉悦和满足，获得情绪收益。

>> 情景剧

珍如和桂花是老街坊了，两人虽然生活上的交集不算多，但很聊得来。

这一晚，两人又在菜市场上相遇了。隔着很远，桂花就喊道：“小如，你是不是该请客了？”还没等珍如回答，卖菜的阿嫂就问道：“珍如家是不是有什么喜事了？”桂花说：“嫂子，你可不知道，小如的女儿悦怡参加数学竞赛得了全国第一名。全国初中生也得几千万吧？那是千万里挑一，太厉害了。小如，悦怡是不是以后就可以代表国家去和外国学生比赛了？”

珍如笑道：“是，悦怡下个月就要参加集训，过一段时间就去美国比赛了。她这是第一次出国，既要练习英语，又要准备比赛，真是累。她才上初中，我其实不愿意给她太多压力，只希望她能稳定发挥，另外身体健康，这比什么都好。”

桂花说：“呀，我是看着悦怡长大的，那孩子心态稳着呢。你还记得被狗吓那次不？那么多孩子都哭了，就她一个，眼睛都没眨一下。”

珍如哈哈大笑，说：“那孩子心大，做事专注。她和一群小伙伴在公园里听戏，也不知道谁家的狗忽然就窜进人群里了。那些孩子都吓哭了。悦怡听见人哭，这才说：‘哎，刚才是不是跑过去一条狗？’哈哈……”

“哈哈哈……人家悦怡的注意力都放到正事上去了，这孩子将来可了不得的。”

谁不愿意成为在人群里发光的那个人呢，谁不愿意走在大街上听到的都是夸赞羡慕的声音呢？被人羡慕，是人性的需求之一。和春风得意的人交往很简单，你只要给他一个自我展示的机会，他绝不会让你冷场。

常见误区一

因嫉妒难以说出赞美的话，反而出口就是嘲讽。

◎你女儿获奖了？恭喜啊。这孩子变化真大，小时候她被狗吓一跳都不知道喊一声呢。

◎你被选上了呀，难怪乐成这样，我看都快把馅儿颠出来了。这算啥呀，日子还得过呢。

◎结婚有什么可高兴的？不结婚还没有离婚呢！老天爷最擅长的就是先把你捧高，再狠狠摔你下来。

得意的人情绪高涨，因为他本身就处于情绪收益中，只要没人给他说扫兴的话，他听到谁说话都爱听。但是，生活中总有一些人见不得别人的得意。别人越高兴，他就越想泼凉水。他们之所以情商高不了，是因为心胸不够宽广。

其实每个人的生活都伴随着高低起伏，如果在别人成功的时候我们愿意发自内心地为之喝彩，那么在我们如意的时候就也会有人愿意捧场。

常见误区二

有的人在得意的人面前会显得格外卑微，这其实没有必要。

◎您又获奖了，太优秀了！我和您真的相差太远了！

◎您的婚礼真是奢华大气，我和您一比，简直就是天上地下。

用自己的卑微来显示别人的得意，这是一种非常错误的做法。你的确能让对方获得情绪收益，但对方同时也会产生鄙视你的心理。我们需要的是平等交往，而不是站在得意的人身边扮小丑。

大多数人其实愿意给得意的人捧场，但就怕说话水平不高，导致对方难以产生情绪收益。那么应该怎么做呢？

高情绪价值做法一：甘当绿叶的真诚 + 引出话题

我们得有做绿叶的心胸，才能衬托出得意人的得意。

◎昨晚我在电视上看到您了！哇，那身衣服看起来真高贵优雅，我不知道您居然还会唱京西大鼓！

◎听说你们家最近又换了辆新车？这两年生意这么难做，大家都节衣缩食，你们却连着换房换车，看来是找到风口了，能给大家说说吗？

真诚非常可贵，我们的真诚虽然是献给对方的，但真正的受益者还是我们自己。首先，我们不至于因嫉妒等错误心态产生精神内耗。其次，所有人都喜欢被人真诚地赞美。

得意的人虽然情绪高涨，但还是有基本的判断力，如果我们嘴上说着好话，眼神里却满是鄙夷，对方一旦感觉出来，他一定不愿意和你深交。

高情绪价值做法二：在公开场合说对方的得意

得意的人希望自己的得意能被广而告之。

◎您还不知道呢？人家早一个月前就升官了。他这个人做事就是这么低调不张扬。

◎老王家老二是真出息了！我前几天在村头看到他跟着县长一起视察农田呢！

有的人觉得替别人打广告一定得当面打，这样收益才更大。如果能当面给对方搭台，让对方有炫耀的机会自然再好不过。但其实赞美的话在人背后说其效能通常会更高。因为背后说别人的得意，会给对方提供更高的情绪收益。因为对方会想，我和他都没什么交情，他居然这么赞美我，看来我真的很优秀。他会感觉格外自信和满足。

解锁情绪价值新内涵

每个人的幸福都是独立的，我们要想时刻都能给周围的人提供较高的情绪价值，自己首先得有良好的心态，能平和地看待任何问题，能在别人高兴的时候献花，能在别人悲伤的时候拉上一把。我的情绪我做主，才能不受外界影响，始终能为自己发光，也能为别人充电。

另外，很多人都喜欢计算看得见、摸得着的收益，但其实人这一生每做一件事都会产生一个结果。只不过有些结果是当下立显，而有些结果可能埋线很久，最后才有机会成熟。就像有的人十年前选择了做导购，十年后才发现之前的经验正好在直播带货中可以用到。

所以，我们要平和地看待别人的得意，愿意让得意人的得意向外扩散，哪怕是在背后免费为对方宣传。这样做相当于是隐性情绪投资。对方虽当下不知，但说不定哪个时候，被哪个人传到对方的耳朵里，那时候他对你一定会好感倍增。而且，因为你没有那么急功近利，显得格外真诚，当你们真正交往后，对方会更愿意信任你。

当然，让别人得意不能丑化自己。让别人得意的同时，也要让自己满意。

读懂糟心人的不易

抬眼看别人都能衣食丰足，低头看自己却囊中羞涩；自己陷在家长里短中，麻烦重重，一转身看到别人万花丛中过，轻易就可以获得万分美好。

我们都是凡人，谁遇到这样的对比，都会产生糟心的负面情绪，甚至还会忍不住问：凭什么上天要这么对待我？心里就会不由自主地产生对抗情绪。

因此，当我们面对糟心人时，一定要试着去理解对方的不容易，抚平对方心里的褶皱，这样之后的沟通对话才能顺畅。

>> 情景剧

小石身有残疾，妻子身体也不好，孩子出生不久又被确诊为脑瘫，沉重的生活压力让他心力交瘁。西泉是小石的发小，创业成功，身份显赫。

一日，西泉回村探望父母，不料车子坏在了路边。小石正好路过，他三下两下就帮西泉修好了车子。西泉于是邀请小石到自己的公司去做修理工。小石脸色阴沉地看着西泉问道：“你是觉得我过不好自己的日子吗？”

西泉没想到小石对抗心理如此强，他忙笑道：“不不不，我觉得以你的水平，做修理部的管理者都没问题的。但得一步步来。”小石话都没回，转身就走。

西泉愣了半天，若有所悟，他忙喊道：“老同学，这么多年没见，晚上一起喝个酒，你愿意赏光吗？”小石这才停住了脚步，回头看了一眼西泉，说：“看心情。”

晚上，西泉去找小石，正好看到小石的儿子走路不稳摔倒的样子。小石非常尴尬，西泉走过去扶起小石的儿子，摸摸他的头。小石的媳妇忙过来将孩子抱走了。

西泉沉默地坐下，然后对小石说：“咱们村的人谁都不知道，我一个人年纪轻轻就去外面打拼有多么不容易。别看我现在这样，我刚去外面工作那几年经常连饭都吃不起。后来有了一点儿积蓄，自己创业，也是一路磕磕绊绊……”

小石的对抗心理一下就没了，他接过西泉的酒，找来两个杯子，两个人默默喝了一会儿酒。西泉又邀请小石，他说：“你这个人我知道，从小优秀，可惜心强命不随。我就偏不信命。如果你有了一个好的机会，我相信你一定能做得特别好。我请你没别的意思，我自己也是一个普通人，就是希望能有一个可靠的人，互相照应。”

听西泉说得非常坦诚，小石毫不犹豫地答应了。

很多过得糟心的人，通常不愿意走进人群，就连多年好友也会与之渐行渐远，就是怕形成鲜明的对比，怕自己不如人。与这样的人交往通常很难，因为他们的心通常是关闭的，他们从内心深处排斥过得比自己好的人。

世界上最远的距离，莫过于明明面对面坐着，但心境、认知却相去万里。一个悲伤，一个快乐，一定很难聊到一起；一个正在为下一顿饭发愁，一个却在想着到哪里度假，两个人开口可能就是矛盾，更别说能聊到一起。

如果我们和糟心的人交往，一定不能让他们产生彼此心境对立的感觉，否则即使你是好心帮助对方，可能也会碰上钉子。只有真正读懂他们的不易，才可能顺利沟通。那么，具体怎么做呢？

高情绪价值做法一：从自己的伤心事聊起 + 鼓励

同是天涯沦落人，相逢何必曾相识。

◎就你现在这些糟心的事我都碰到过，我当时真是想死的心都有，但越想越不服气，同样是人，我凭什么就不行？

◎家家有本难念的经，你看着我好像活得很光鲜，那你是不知道我的心酸。我就是不爱说出来，说出来能怎么样呢？日子不还得自己过吗？谁也替不了你。不过想想，这世界上没有人一点烦恼都没有，谁都有自己的糟心事。这就是人生，只有自己能找到自己的答案。

有一个词叫同病相怜，在朋友圈盛行的时代，陌生人之间会有很多圈子，有同好圈，有病友圈，有人脉网，有信息网。欢喜快乐的往一块聚，悲伤忧愁之间往往一句话就能互相借力。

大多数人都倾向于与观念相似、思维相近的同类人聚集在一起。在这样的群体中，才会感到舒适和认同，因为彼此之间的观点和行为模式容易产生共鸣。

当然，这并不是说要想和过得糟心的人交流，自己也非得糟心不可。生活中十分如意的人和十分糟心的人都是少数，大多数人都被生活裹挟着，时而幸福，时而糟心。既身不由己，又可以自主快乐。对大部分人来说，糟心只是一种心态选择。对于这一类人，可以鼓励他们，让他们学会接受生活的负面因素，坦率乐观地面对糟心。这就是给他们提供的最大的情绪收益。

高情绪价值做法二：假定第三者公敌

对于对抗心很强的人，也可以设定一个公敌。

◎咱哪能和人家出生就含着金汤匙的人比呢？能有现在的成绩我对自己挺满足的，知足常乐嘛。

◎我和你一样，都没接受过高等教育，如今从事体力工作我感觉也是必然。不过也好，从事体力工作就是累身不累心，精英们薪水高，可竞争压力也大，累心啊。人生都一样，得此失彼。

有些人生活一不如意就会满满负能量，如果我们自己情绪不稳定，就容易受到这些人的负面影响。如果迫不得已和他们交往，那我们首先得保证自己拥有阳光的心态，其次，在和他们交流时，适当地加以引导。

有些人心胸较为狭窄，对抗心很重，和他们聊天时找一个假想的公敌，容易消除彼此的隔阂，达成和谐一致。在同类人面前，所有人都会有归属感和安全感，也愿意给予理解和信任。

解锁情绪价值新内涵

交流虽然是一种对外沟通方式，但它其实是我们自己内心的显现。我们是什么样的人，就会有什么样的沟通境况。所以，不要把交流只看作一种对外连接，应该在交流中检视我们自己的内心。

一说到提高情商、广结人脉，很多人以为学习一些技巧就可以了。技巧当然有用，但很多技巧背后暗含着心性的能量。同样的技巧，被心胸宽广、积极乐观、总是善于发现别人优势、愿意理解别人苦恼的人学到，和被心胸狭窄、负面情绪一大堆、只看自己利益而不愿意沾染一点别人的不如意的人学到，结果是不一样的。

我们在前面多次讲到，在给对方提供情绪价值时一定要真诚，这强调的就是心的能量。心的能量大，不管面对什么样的人，我们都能给对方提供高情绪价值，还不会受到对方糟糕情绪的影响。反之，即使学会了技巧，在交流中为对方提供了高情绪价值，自己反而会愤愤不平，给自己造成了大量的情绪成本，这就得不偿失了。

一个始终能为别人提供高情绪价值的人，一定是一个心态强大的人。一个心态强大的人，才愿意去读懂糟心人的不易，而不会受到其负面情绪的影响。

开朗的人可能很孤独

我们都有一个刻板印象，认为开朗的人很好交往。因为不管多冷的场，他都能热起来，不管多难交往的人，他都有话可聊。但许多开朗的人在热情洋溢的外表背后，可能隐藏着深深的孤独感。

>> 情景剧一

响响性格开朗，好友一大群，每天都能过得热热闹闹。

一天，响响和同组同学一起做实验，结果却失败了。全组人复盘检查时，发现是拿错了数据。组长看实验报告单上负责拿数据的是响响，就随口说了一句："响响下次可别这么粗心大意了哦。"

响响一听就急了："这份错误数据不是我拿的！组长，你怎么能不分青红皂白就冤枉我呢？"

组长吓了一跳，她没想到响响反应这么大，就询问怎么回事，原来响响和另外一位同学约定换了负责内容，也在实验报告后面进行了标注。那位同学连忙向全组道歉。组长向响响道了歉，又告诫大家都吸取教训，就重新开始实验。

实验结束后，组长找响响聊天，才知道响响初中时被同桌冤枉过偷了对方的钱包。她当时想了很多办法证明，但没人相信她，所有同学都鄙视她。这件事对响响还是造成了很大的影响。

响响说：“别看我大大咧咧的，可我一直觉得很孤独。我总觉得每个人都很陌生，如果我不能和所有人都搞好关系，有一天就会被所有人抛弃。”

组长握住了她的手，说：“你很好，你没有必要害怕得罪人，更不要害怕失去朋友。如果他是你的朋友，哪怕你说错做错，他也会理解你。如果他不是你的朋友，你越迁就，她可能就越鄙视你。”

生活中这样的人有很多，表面上看，他们情商高，人间清醒，会调侃开解人，能鼓励善待人。但他们同样会遇到麻烦，也会产生烦恼，需要别人的开解和帮助。

和开朗的人交往，不要单方面接受对方提供的情绪收益，我们也应该多一些敏锐，多多关注他们的内心世界，并在理解的基础上提供情感上的支持和理解，这样关系才能更加健康和长久。

高情绪价值做法一：关注情绪 + 乐于倾听

性格开朗的人遇到烦恼时，需要的可能只是一句简单的“你怎么了”“你还好吗”。

◎每次你人还没进来声就先进来了，今天怎么这么安静？发生什么了吗？

◎我看你去了一趟社团回来就一直坐在这儿发呆，说吧，遇到什么问题了？

一般来说，性格开朗的人只要感受到被人真心关注着，有人愿意听他们诉说苦恼，那么，不管遇到什么难题，相信他们都能很快走出来。

高情绪价值做法二：表达友爱 + 让他做自己

你可以告诉他：不需要因为别人的期待而改变自己。

◎作为你的朋友我怎么会不懂你呢？别看你平时嘻嘻哈哈的，但我知道你是个敏感的人。

◎我不是你的客户，我是你的朋友，不需要你时时刻刻来哄我。在我这儿，你不想说话就不用说，不想笑就不用笑。

我们都需要朋友，很多看似开朗、爱交往的人可能只是因为内心孤独，才会更加努力地去展现自己的热情和友善，想要交到更多朋友；而有些人是因为过于关注他人的感受和需求，而忽视了自己的内心世界。他们可能习惯于为他人着想，却很少有机会表达自己的真实想法和情感。这反而使他们内心愈加孤独。

真懂他们，就应为他们营造一个自在的交往环境，让他们卸下包袱，舒坦地做自己。真正的友情是建立在彼此真诚相待的基础上的。当然，一般来说，开朗、爱交往的人都有自己的情感出处。

>> 情景剧二

某天中午，齐蓝接到秦飞的电话，对方告诉他，他们的好友万铮陷入了抑郁状态。齐蓝非常诧异，因为在他印象里万峥是一个乐天派，他非常幽默，走到哪里都是大家的开心果。齐蓝想不明白这样的人怎么会抑郁呢?

齐蓝和秦飞深入分析后，认为很可能是万铮事业上的不顺造成的。万峥曾是一名程序员，后来转行做了一名脱口秀演员。然而，命运弄人，他在俱乐部的表演效果并不理想，几次参加大舞台表演也很快就被淘汰了。他开始怀疑自己的能力，长时间没有稳定的收入来源让他变得焦虑。最近一年来，他几乎断了和所有好友的来往。

齐蓝和秦飞决定帮助万峥。一段时间后，齐蓝广邀亲朋好友来参加姥爷的寿宴，他自然也请了万峥。但临到寿宴开始了，齐蓝才知道主持寿宴的司仪来不了。齐蓝不得已，请求万峥救个场。

作为朋友，万峥觉得自己义不容辞，尽管他情绪不高，还是打起精神，开始主持。他和齐蓝是多年好友，宴会上的人也基本都认识。他一边表演小节目，一边和来宾插科打诨来热场。

这时，就听有人喊:“主持人精神点，先表演一个绕口令。”万峥有点尴尬，他看过去，说话的竟然是秦飞，他的身边坐着齐蓝、万峥的很多好友。他们一起起哄:“来一个，来一个。”

受到好友的激发，万峥的情绪也高涨起来，他仿佛又被注入了活力，眼睛里开始闪光，主持越发得心应手，妙语连珠，引得整个宴会笑声连连，高潮迭起。

寿宴结束后，齐蓝向万峥表示感谢，万峥却说："我应该感谢你，这一年来，我很少能像今天这样真正感到快乐。我觉得我重新找回了自信。"

有些开朗的人变得孤独就是因为在生活中受挫而产生了自卑。这时候朋友无形中的支持和鼓励更容易让他们重新找回自信，回到热情高涨的状态。

高情绪价值做法三：给他提供一个平台

什么能让人一解孤独？什么能让人一扫忧闷？

◎别不高兴了，我今儿有个好消息，你想不想认识山东曹县做汉服的老师？

◎道不同不相为谋，他和你不是一类人，何必和他生气呢？你不是喜欢茶艺吗？我们一会儿去一个特别讲究的茶馆，见一个手法精湛的茶艺老师傅。

外表开朗内心孤独的人，需要的是有共同爱好、相同价值观、能产生共鸣的群体。所谓平台，就是这样一个群体，那既可以是一个线上的社群或一个定期的聚会场所，也可以是任何能够让他们敞开心扉、畅所欲言的空间。

因为都是志同道合的人，大家没有从属关系，可以自由自在地做自己，展示自己的特长，分享自己的心得。当大家价值观相同时，更容易产生理解和共鸣，也愿意为他人提供关心和支持。

解锁情绪价值新内涵

在为人处世中，若想为他人持续提供高情绪价值，仅凭悦耳动听的话术是远远不够的，更需要具备敏锐的洞察力。因为人的情感和内心世界极为复杂，有时甚至连自己都无法完全洞悉，更何况是外人。

许多人或许经过训练，或许为了迎合社会主流喜好，从小便不自觉地为自己塑造了一个特定的人设。例如，刻意展现出开朗的一面，久而久之，他们甚至误以为这就是真实的自我。然而，当负面情绪如痛苦、悲伤、惆怅、压抑等终于爆发时，他们才会意识到问题的存在，才会发现那个被束缚、不自在的自我。

如果你身边有这样的朋友，一旦察觉到他们不快乐，便可以伸出援手，为他们提供一个安全、无拘无束的交往环境，让他们能够自由地展现真实的自我。这样的做法，远比简单的赞美、肯定或尊重更能提供情绪价值，因为你所做的是心灵瑜伽，是令他们受益终生的礼物。

世上最柔软的爱，是给他力量，让他做自己。

尊重内向人的个性

天生万物，人间百态。有开朗外向的人，就有沉静内向的人。无论是与外向的伙伴相处，还是与内向的朋友交往，我们都应顺应他们的天性，以诚相待。只有真正理解他们，才能产生共鸣，让交往变得更加深入和真挚。

内向的人往往更倾向于独处，做事沉静，喜欢深思熟虑，他们可能不善于在人群中表达自己的想法。和他们交往沟通，一定要尊重他们的个性，不要强迫他们表达。

>> 情景剧

小稻子很喜欢参加读书会，但她又是一个格外内向的人，除了分享自己的读书心得，她几乎很少主动和其他人交流。悠悠头一次参加读书会就听到小稻子的读书心得，非常叹服，当即就加了小稻子的微信，还想拉着小稻子去喝茶逛街，但遭到小稻子的拒绝。

回家后，小稻子又收到了悠悠的微信，悠悠称呼她为女神，对她极尽赞美。小稻子感觉悠悠的态度有点过火，就没回。

晚上，悠悠又打来语音电话。小稻子手一滑接了电话。悠悠委屈的声音立刻响起来："你是不是把我当成坏人了？我只是一名学生，我就是很喜欢你的文章而已。"

小稻子觉得与悠悠交浅言深，就打算挂电话。悠悠大概也感受到了，沉静了一小会儿，又说："好吧，我摊牌，我是中文专业，可我对文学感悟能力太差了。尤其是今天听到你的发言，我更是感觉我的脑袋就是木头做的。我发的网文小说居然一个点赞的都没有。我就很难过，今天正好听到你的发言，感觉很受启发，我似乎找到一点灵感了，所以我有点激动，对不起。"

小稻子只好说："我不喜欢陌生人打扰。"

悠悠很难过，但还是道了歉，乖乖挂了电话。

小稻子想了一会儿，给悠悠发了一句话："把网文链接发我。"正难过的悠悠立刻笑了，马上找出链接给小稻子发过去，按照她的个性，本来想自我解读一下，但想到小稻子的话，只是发了一个"谢谢"的表情包，想了想，到底没忍住，又发了一个"晚安"的表情包。

一个周末，小稻子发来了一篇书评，悠悠打开一看，居然有一万多字。悠悠随手写的一篇网文，小稻子很认真地读完了，还做了详细分析。悠悠特别想请小稻子吃饭。但她怕拒绝，只好表达了感恩，然后试探着说："我马上就修改，老师您以后还会给我写书评吗？"很长时间后，小稻子发来信息："不要叫我老师。只要我能看到你的认真，我就愿意。”

后来，两人终于成了好友，不过并不常见面。

很多人在与他人交往时，习惯于以己度人，用自己偏好的方式去与他人交流，这种做法不仅显得情商不足，更容易在人际交往中碰壁。每个人都独具特性，尊重、欣赏并接纳不同的个性，才可能为对方提供高情绪价值，也才能建立真挚而深入的关系。

高情绪价值做法一：安静的交流环境 + 循序渐进

内向的人大多喜欢安静，和他们交流一定要注意环境和方式。最好是选择宁静不嘈杂的地方，让对方感受到舒适。在交流的过程中也要多准备几个话题，同时注意技巧。

◎哇，太巧了，咱俩居然选择了同款围巾。

◎我们是坐同一趟地铁过来的，我在地铁口就看见你了，你走得太快，我没追上你。

使用这些句型来找相同，用相同的物件、方式快速拉近彼此的距离，消除相互之间的隔阂。

◎我读过你的文章，我认为你的文章很有深度，比如……（详细说明）

◎你是不是小时候练过字，我太喜欢你的字了，字如其人，你本人也是端庄宁静的人。

这种夸赞、肯定的话放在哪里都合适，但要注意，一定要夸对方的得意之处，这样才能引发对方的沟通欲望。

◎我也买过这个玩偶，但我怎么感觉你这个玩偶笑得那么开心呢，你是不是天天给它讲笑话啊？

◎我妈妈看到你给我发的那个表情包了，她说太好玩了，一大早就忙着给亲友同事发表情包，人家还以为她是遇到什么事了呢，笑死我了。

适当地开个玩笑，或者说一件趣事，也可以迅速打开话题，让对方慢慢打开话匣子。

内向的人，有的是害羞不自信，有的就是纯粹的不喜欢吵闹。不管是哪一种类型，我们都应该顺其自然，找安静的环境，以对方喜欢的方式来展开话题。如果对方就是不想多说话，那么不妨沉默。

要知道，不是所有的交流都一定要用语言。高情绪价值，有时候就表现在不动声色处。只要爱人、懂人，你做什么或者不做什么，对方都会感觉舒适，那你才是真正的高情商，给对方提供了高情绪价值。

高情绪价值做法二：使用文字沟通或者一对一交流

有些内向的人不善于驾驭语言，或者不喜欢在公众场所表达自我。和他们交往，一定要使用他们喜欢的方式。

◎对于善于使用文字的人，可以使用文字沟通的形式。

◎对于不喜欢当面沟通的人，可以使用线上工具。

◎对于不喜欢大众交流场合的人，可以一对一进行沟通。

使用对方舒适的方式与之交往，让他们能更自如地表达想法和情感，才能真正建立更为深入和真实的联系。

解锁情绪价值新内涵

以前人们总是说，和人交往要看眼缘。所谓眼缘，就是看着顺眼。什么样的人看着才顺眼呢？答案是合乎自己心意的人。有一句非常有哲理的话是这样说的：别人眼中的你不是你，你眼中的别人才是你。

别人看到的你，有可能是经过打造设计的，有修饰成分在，而你看待别人的态度方式，则是你内心世界的真实体现。如果一个人对待任何人都能够心平气和，交流做事始终能让对方感到舒适自然，那才是真正的高情商。

留情面就是留转机

俗话说："人要脸，树要皮。"情面就是尊严，尊严是每个人的基本需求之一。它代表着我们被他人尊重、认可和重视的程度，是我们身份、地位和价值的体现。在为人处世时，给予他人足够的情面，既是对他人的尊重与理解，也能为双方的交往留下回旋的余地。

三国时期的杨修可谓聪明过人，但他恃才傲物，多次在众人面前揭露曹操的意图和心思，不给曹操留面子，让曹操十分恼怒，最终他被曹操找理由处死了。

历史的教训告诉我们：伤人情面，容易招人怨恨，引火烧身。因此，在日常交往中，要懂得维护别人的尊严。说话做事给他人留情面，不仅是给自己留退路，也是给自己找转机。

>> 情景剧一

维维是一个脑瘫儿，走路姿势和正常人有较大的差别。由于康复训练很疼很累，维维经常难以坚持，妈妈常哭着告诫他："如果你不好好训练，以后就没法过正常人的生活。"维维认为自己不正常，很自卑。

一天，妈妈带维维去公园训练走路。在门口，维维看到一个男生手里正拿着气球发传单，他很想要，但不敢靠前。那个男生见维维一直盯着自己手里的气球，就笑着走过来，把气球递给维维。

维维吓了一跳，忙向后退，差点摔倒，男生扶住了他，说："不用激动，我只是给了你一只好看的气球。"维维小声说了谢谢，这才接过气球。妈妈就随口问了一句："是新装修那家游泳馆做宣传吗？"男生回答："是的，今天来现场参观的话，小弟弟可以免费跟着教练学两天。"妈妈看看维维，问："他也可以学游泳吗？"

男生说："游泳是一种非常合适的训练活动，能适当做拉伸，而且还能增强孩子的肺活量和免疫能力。"

维维非常感兴趣，鼓起勇气对妈妈说："我想试试。"妈妈有点担心维维学不了，男生又说："在水里大家都是一样的，别人能学，他也可以。"维维再次受到激励，大声说："我要学。"于是妈妈决定让他先去试试。

男生很快将母子俩引进游泳馆，让维维没有想到的是，他竟然就是教练。维维跟随男生学习了一年，妈妈发现他的性格变得格外开朗，平时在康复训练中也表现得越来越认真。他甚至会主动站在镜子前，纠正自己的姿势。仅仅一年的时间，他就成功为教练吸引来了12个孩子学习游泳，这些孩子们都很喜欢这个教练。

教练非常善于维护维维的尊严，他还说“大家都是一样的”，不但有力消除了维维的自卑，还让维维产生了亲近感、安全感以及归属感。在教练面前，维维认为自己就是一个正常人，一个只要经过训练就能获得自由的人。这种高情绪价值使他愿意跟着教练学习，愿意对抗命运，也帮助他在艰难的康复中找到了自我价值。

教练的价值已经不只是教授游泳，他已经成了维维的人生导师。

常见误区

对处于弱势的人不留情面。

◎你就是我的孩子，你在我面前要什么权利？你在我面前有什么隐私尊严？我想怎么说你就怎么说你。

◎你是我的员工，我请你来是让你工作的，我是为你的工作付薪水的，你做不好难道还不允许我教训你？

◎你就是一名试戏的演员，我说你长得丑，没资格做演员，那是我的权利。我劝你以后离娱乐圈远远的，不要以为什么样的人都能来做演员。

其实大多数人都懂得说话给他人留余地的道理，只是一旦处于高位，对于比自己弱势的人，说话做事就往往会无所顾忌。

很多人把资源、社会地位看得很重，一旦拥有较好的资源、较高的社会地位，就会得意忘形，对有求于自己的人说话不客气，做事不留余地。这不是为人之道，更不是处事之能。做得越过分，往往越会给自己招来祸患。

你要记住，咸鱼有翻身的机会，驴粪蛋也有发热的能量，一旦局势发生逆转，你可能就会遭受之前不当言行的反噬。如果你经常看一些人物传记，你就能看到不少成功人士的身后，总有那么一两个“恶人”用恶言恶语伤人，结果让自己的恶名永远留在成功人士的传记里。人生总是充满了变数，一时的位居高位并不意味着永久。任何时候都应当谨言慎行，说话给人留情面，做事给人留余地。

很多人因此而学着去掂量某个人是否有潜力，未来是否值得自己尊重，看人下菜碟。这就走向了更大的错误，我们应该对所有人都如此，因为这才是我们自身的价值所在。

>> 情景剧二

罗振宇曾讲过这样一个故事：

老师发现班里有三个孩子没有交作业，想让家长督促一下孩子，就决定将信息发到家长群里。但老师没有直接点名，而是发了这三个孩子当天穿的鞋子的样子。罗振宇认为：这样做非常聪明，既告诫了家长，又给家长和学生留足了情面。因为孩子当天穿什么鞋只有家长知道，而其他人大多不会留意。

在AI技术越来越发达的时代，很多职业、工种都已被相继取代，未来可能随时都会出现大淘汰。但人类天生拥有情绪、情感，这是无法被代码简单复制的。如果能做一名情绪劳动者，理解并照顾到不同场景下不同人的情绪感受，这不但是在人际交往中给自己留了退路，更是在技术飞速变革的大时代潮流中给自己留足了未来发展的空间。由此可见，情绪价值非常重要。

高情绪价值做法一：看破不说破

对于大众一眼就能看穿的真相或者尴尬，我们要学会视而不见。

◎甲："他们都说我长得太丑，和我媳妇站在一起就像美女和野兽。你会不会也觉得我配不上我媳妇？"

乙："好看的皮囊千篇一律，有趣的灵魂万里挑一。你能得到这位大美女的青睐，那一定是有什么特别的地方。"

有些人喜欢看别人的尴尬、困境，一边看还一边"八卦"，把别人的不堪、痛苦分析个遍，然后把它当成有趣的秘密分享给更多的人，让更多人参与嘲笑、讥讽。每个人都有自己的短处，每个人都会做糗事，揪住别人的痛处不放，就是在给自己积累仇恨。

面对别人的尴尬、痛苦，不嘲笑是最基本的尊重，同时，还要学会有技巧地安慰，在不招致反感的前提下，帮对方找到一个说法。

高情绪价值做法二：能给人留余地

在日常交往中，遇到冲突和分歧时，要善于适度退让。

◎没事，没事，幸亏你拿的不是开水，我只是湿了衣领。你不是故意的，不用赔！

◎这正好是拐角，撞到一起，就算是缘分。我额头红了，那也算是红运当头了！

人生就是你来我往，难免会遇到一些非故意的冲突、矛盾，如果不涉及原则问题，没有造成重大伤害，我们就要学会适度退让。给人留余地，这不是软弱退让，而是一种智慧，它能让我们把有限的时间用在更有价值的地方，能游刃有余地处理人情世故，为我们的未来积累更多的正能量。

高情绪价值做法三：给人台阶

学会换位思考，睿智地给别人搭台阶。

◎你哪里是怕老婆？你那是爱老婆！难怪你们家很少闹矛盾！

◎我知道你懂这里面的奥秘，之所以说错，只不过是想要考考我们，对不对？

◎这件事你一定能做得比我们都好，你只是想要隐藏实力。

给人台阶，能够让人摆脱困境。你释放的是善意，收获的一定是好关系。尴尬是情绪成本，巧妙地将可能出现的情绪成本转变成情绪收益，对方自然会感激你，愿意与你友好相处。

解锁情绪价值新内涵

在沟通交往中，能照顾他人尊严、精心维护对方的面子，这在过去被视为情商高的体现，而在当今时代，它实际上已成为一种难能可贵的社会价值。在未来的众多供需关系中，能为对方提供高情绪价值，往往比单纯的高技能、高功能更能激励对方。因此，这种价值也成为彼此之间互相成就、共同发展的重要纽带，它不但能使人际关系更为紧密和谐，还能提升双方价值。

因此，无论身处何种场合，我们都应稳定自身的能量场，为大多数人输送正能量和正面情绪。特别是在那些即将引发情绪成本的关键时刻，我们更应巧妙地将之转化为情绪收益。

聚会不冷场

日常生活中，为了让整场聚会和谐热闹，我们通常都会提前做好安排，甚至会设计几个小节目。但如果参加聚会的人之间不常沟通交流，大家都不够亲近，难免会有冷场的时候。作为主人，这时就要发挥桥梁作用，引导话题，最好是能找到共同话题，让对话自然展开。

>> 情景剧

闻堰离开故乡很多年了，这天，几个同乡来到他所在的城市办事，并且联系了他，闻堰也想尽尽乡情之谊，就邀请他们一起吃晚饭。一开席，气氛很沉闷，主宾之间都感觉无话可说。

闻堰是主人，就主动找话题，他对一个发小说起小时候两个人到庄稼地里偷毛豆的场景。那个发小很快就接了话，两个人说得很热闹，一下子就打破了僵局。

闻堰又扯着发小给一位长辈敬酒，他说："二叔，您知道我们当年偷的是谁家的毛豆吗？我和小刚子给您赔罪啦。"

二叔笑了："我怎么也没想到，头一次到你家，喝的居然是一场道歉酒。"众人哄堂大笑。二叔又说："几棵毛豆不打紧。关键是你俩压断了我那几棵笤帚苗子，那是我准备做笤帚用的，那笤帚是用来教育大伟的。你看，就因为你俩压断了我的笤帚苗子，我没做成笤帚，大伟也没教育好。你说这事闹大了不是？"

众人再次哄堂大笑。大家都放松了，气氛变得热闹起来。

作为主人，即使再不爱说话，也要能进行简单的主持引导，找到适合的话题，先让气氛热起来，让大家都能放松交流。

高情绪价值做法一：找大家都熟悉的话题

根据聚会的人的身份特点，展开大家都熟悉的话题。

◎今儿是新员工团建，你们都有过在别的单位工作的经历，说说你们原来团建有趣的事吧？

◎咱们这个旅游团是我经历的所有旅游团里最和谐的一个，可能大家都来自一个地方，聊的新闻都是一件事。

同一种聚会，与不同的人相聚，感受往往大相径庭。在不同的企业文化中的团建，自然也有不同的趣味。在不同的旅游团，自然也会遇到不一样的人、不一样的事。根据聚会主题来展开话题，通过大家分享的方式，不仅可以增进相互的了解，还能迅速让聚会热闹起来。

◎还记得我们当年，审美标准可统一了，几乎满大街都是“郭富城头”，大家都喜欢甩头，那动作是整齐划一。

◎虽然我们是民间乐团，但我觉得咱们的水平一点都不差，你们说呢？

共同的经历往往也能成为最有意思的话题。无论是学生时代的趣事，还是职场上的挑战与成长，大家的喜怒哀乐都差不多，在回忆中，对话就会变得生动有趣起来。

因为有同样的经历，一定会有同样的情绪状态，围绕着某种情绪展开话题，能更有效地引发人的共鸣，使聚会气氛越来越热烈。

高情绪价值做法二：不和谐时快速转移话题

人多的时候，难免会有意见不合者，一旦出现争吵矛盾，作为主人一定要有快速缓解尴尬的技巧。

◎哎呀呀，这真是大水冲了龙王庙，您昨天跟我说最欣赏的那篇文章的作者就是眼前这位，他刚才的意思您可能理解错了。

◎二位都没有错，只是大家看世界的角度不一样。我们都是心胸宽广的人，允许别人和自己不一样。不是有一句话这么说吗，“我不认同你，但我捍卫你说话的权利”。

◎这件事咱们在今天这个场合讨论不合适，以后咱们再谈好不好？今天就是主打一个乐呵，都开开心心的啊。

对于初次见面或者交往不深的，很多人往往沟通不畅，出现误解，这时候只需要解开误会就好了。但有些人就是价值观、人生观不同，他们只要开聊，基本就是互相看不顺眼，这时候就必须终止话题。

其实，作为主人，我们首先就要想好，哪些人不能在一个场合出现，哪些人最好不要坐在一起。深入了解参与者的性格、背景和关系，提前精心规划，确保大家都能够舒适地交流，避免不必要的冲突。

然而，即使做了充分的预防，矛盾有时仍难以避免。在这种情况下，我们要保持冷静和耐心，迅速识别并找到矛盾的根源，然后灵活地寻找能够转移大家注意力、缓和气氛的和谐话题。

高情绪价值做法三：找善于主持的人来帮忙

如果自己应付不过来，就可以找一个善于主持的人来帮忙。

◎来帮忙的人的任务是照顾好全场，不让在场的任何一个人受到冷落。

◎当主人不善言辞时，还可以抛出话题，让来帮忙的人组织互动，调节气氛。

◎为了让话题聚焦到自己的目标上，也需要其来协助，适时打住扯远的话题，回到正题上来。

◎当接近尾声时，对于一些想要发表长篇大论者，也可以请其来劝离。一句“太晚了，我们下次再来吧”就能让大家知道活动结束了，自动离开。

◎来帮忙的人可以帮忙照顾主人没照顾到的人，可以说主人不方便说的话，可以做主人没法做的事。既能有效保证不冷场，还能让大家尽欢而散。

解锁情绪价值新内涵

聚会时，最高明的热场方式就是找到大家的共同情绪状态，围绕着某种情绪展开比围绕着话题展开更能有效引发人的共鸣，使聚会气氛越来越热烈。

如何找到共同情绪呢？有时候需要提前做好规划，确定聚会目标和参加聚会人群的属性，找到大家普遍的情绪基调。是兴奋、激动，还是感慨、怀旧，针对这种情绪来设计话题，引发共鸣。比如，老同学聚会，那就是怀旧居多，“我们当年”就是最好的展开方式。

当然，如果能配合用上富有感染力的语言以及生动而具体的故事，那就更能推动大家的情感情绪，使整个聚会始终保持一种积极向上的情绪状态。冷场是没有做充分准备的无奈尴尬，热闹是主动规划的精彩呈现。提前准备越充分，你越能为更多人提供高情绪价值，也才能享受到聚会带给你的收益。

说服要懂顺势思维

当我们想把别人拉到自己的阵营、看到别人说错做错或想要得到别人的支持理解时，都需要说服。说服是一种常见的沟通情境，想要进行有效表达，我们就需要学习一定的技巧。

>> 情景剧

莎莎爸爸跟着莎莎一起生活，莎莎要上班，他很自然地承担起买菜、做饭的任务。

一天，莎莎爸爸买菜时，在路边遇到一个做团购的小伙子发传单。他看传单上的蔬菜价格都很便宜，就跟着小伙子去了他的店铺。到了店里，小伙子又给莎莎爸爸介绍了很多其他产品，有核桃、葡萄干、羊奶等。他说，单买不合适，有一种组合买法，价格更便宜，说着又给了莎莎爸爸一张价格表。莎莎爸爸发现组合买法太便宜了，就下单买了全部商品。

莎莎下班后，发现厨房堆了一堆商品，就问爸爸怎么回事，爸爸将那张价格表递给莎莎，得意地说自己买了便宜货。莎莎一看就明白了，她告诉爸爸，这是一种促销套路，多种商品组合销售，某种常用品非常便宜，但总有一种或者两种商品远超市场价。

莎莎爸爸一听就很不高兴：“哪有那么多骗局？我买这些东西他们还送了很多东西呢。那讲课的姑娘还说了呢，我买这种羊奶一盒就 400 多元呢，组合买才 100 多元。这种羊奶我喝了是真好喝。”

莎莎一听不由得提高了嗓门：“什么？还要听课？不会是传销吧？爸，您可别上当啊。有些传销就是会组织一些能说会道的小姑娘，专门骗你们这种老头。”

莎莎爸爸一下子站起来，指着莎莎鼻子激动地说：“在你眼里，我就是个老傻子是吧？”

莎莎缓和一下语气，劝道：“老爸，我不是怕你受骗吗？这都是套路，都被记者曝光了的。他们就专门找你们这种老年人，因为你们信息不灵通。”

“你这会儿不但说你爸傻，还说我们老年人都傻是不是？就我们信息不灵通，是不是？”

莎莎爸爸一生气，甩袖子回房间了。莎莎无奈，想等爸爸冷静之后再和他沟通。但是第二天一早莎莎起床时，发现爸爸没做早餐，他的房间也没人。莎莎忙给爸爸打电话。这时，爸爸拉着满满两个大箱子回来了。他居然花高价买了一年的羊奶。莎莎气得差点晕过去。

莎莎在试图说服爸爸时，明明知道爸爸很顽固，听不得逆耳忠言，还句句都是扎心的话，“上当了”和“犯傻”这样的字眼，无疑触怒了爸爸那顽固的自尊心。更糟糕的是，她那句“有些传销就是会组织一些能说会道的小姑娘，专门骗你们这种老头”，简直就是火上浇油。这样说话，不仅未能说服爸爸，反而加剧了他的抵触情绪。最后，爸爸决定一口气买下一年的羊奶，显然是在与女儿较劲。

说服一定要学会顺势思维，因势利导。

高情绪价值做法一：顺着对方的思路说服

面对顽固的人，要顺着他的思维来说，引导他说出你想要说的话。

◎要按您这么说，那的确很便宜。咱算算看，您平时买鸡蛋是多少钱，这个团购卖多少钱（引导他自己去算，让他意识到根本就没买到便宜鸡蛋）。

◎您说得太对了，老年人吃过的盐比年轻人吃过的饭都多，怎么会上当呢？我还不太懂，您给我分析一下他采取的是什么销售方法？

顽固的人之所以顽固，是因为被某种情绪执念所扰。就像案例中的莎莎爸爸，就是不愿意被女儿当成落后的、愚蠢的老年人，但他并没有想办法去证明自己不愚蠢，所以就选择和女儿对着干。只有消除他们的情绪执念，他们才能就事论事。有些事情只要冷静看待，就都能看清楚。

性格不同，认知不同，面对同一件事的思维模式就不同，情绪反应也不同，我们想要说服对方，就得先了解对方的性格心性，以对方能接受的方式来说服他。

有些急躁的人，思考浅显，那么就要引导他深入思考。

◎你找的公众号文章就是不懂医学的小编辑随手写的。你看这是全国著名老中医的文章，这篇文章发表在正规杂志上，他明确说你找的这个偏方是假的。你觉得谁的可信度更高？

有些人非常自恋，不容易接受别人的说辞，对这类人，更需要让他们自己去推导答案。

◎帮个忙，我今儿遇到了难题，想借一下你的智慧。有一个人非常自恋，觉得自己的文章写得很好。他的确写得很好，但我需要他给下沉市场的消费者写一篇文章，而他这篇文章用词太高端了。我该怎么说服他呢？

有些人思维封闭，沉浸在自己的世界里。针对这类人，就可以以其人之道还治其人之身。

这就是矛与盾的较量，用他的矛去攻击他的盾，让他自己陷入逻辑的困境，自相矛盾。这样的方法，能避免在交流中给对方造成情绪成本，往往比我们直接说服他更为有效，更能让他认识到问题所在，从而更容易接受我们的观点。

高情绪价值做法二：找到对方真正的心理需求

有的人表面上坚持做某件事，实际上是在掩饰另一件事。

◎我知道你投诉我们，不是觉得我们做得不对，而是不希望我们让你儿子参加这场活动，你觉得这会影响他的学习。但是您知道吗？我们这场活动的目的其实是提高小孩的专注力，而专注力的提高有助于学习力的提高。

高情商需要较强的洞察力，也需要能深入了解别人的需求，只有知道对方要什么，我们才能顺着对方的思维，以满足对方需求的方式来说服他们。

解锁情绪价值新内涵

说服他人时，保持冷静至关重要。当对方情绪激动时，往往难以理性思考，容易受情绪驱使作出决定，给彼此都带来较高的情绪成本。而冷静的沟通环境则有助于双方客观分析问题，减少误解和冲突。只有在对方冷静的情况下，我们才能更有效地提供情绪收益，即通过理解、安慰或激励等方式，让对方感受到我们的诚意和善意，从而更愿意接受我们的观点和建议。因此，在进行说服的过程中，不仅需要确保我们所表达的内容具有清晰的逻辑性和坚实的合理性基础，而且还必须擅长构建并保持一种冷静的沟通氛围。这种氛围有助于对方更好地理解和接收信息，而不会被情绪波动或压力所影响。这样做，既可以避免不必要的误解和冲突，使矛盾激化，也可以使对话的情绪收益更高。

说服他人时，顺着对方的思维，逐步引导他们理解问题的本质，让他们自己推导出答案，尽量避免直接冲突和抵触，从而减少可能产生的负面情绪。同时，这也能让对方感受到尊重和理解，从而更愿意与我们合作，最终接受我们的观点。

第五章

CHAPTER FIVE

温暖有爱，家和才能家合

家，常被喻为避风的港湾，然而现实中，许多人却在家里受伤最深。这是因为当我们面对最亲近的人时往往无所顾忌，甚至变得尖锐刻薄。爱是一场因果循环，如果我们不能给予家人理解、尊重，就会让家人变得冷漠疏离。只有珍视每个家庭成员，耐心满足家人的需求，才能家和万事兴。

夫妻轮流低头才不会走散

家不是讲理的地方，夫妻间的事情通常没有绝对的是非对错，只不过是每个人各有自己的立场和观点罢了。遇到分歧，若总有人想要论个是非高低，想要占据上风，那爱就易消散，人易走散。要学会轮流低头，各让一步，用宽容和理解去化解分歧，家才会长久和谐稳定。

>> 情景剧

老李退休了，工资少了，没人归自己管了，他感觉连老婆都似乎变成刺头了。以前上班时，老婆老早就起来给他做早点，现在老李都晨练回来了，老婆还在睡。他就很生气，不耐烦地喊老婆起来做饭。老婆说："你饿了自己去做。"

其实老李很爱老婆，即使是上班的时候，做饭也不是老婆的专属工作，老李若起得早就亲自下厨。有时候老婆不高兴了指着他的鼻子骂，老李也会笑呵呵地安慰老婆。可现在他心里非常不舒服，就感觉老婆这是在鄙视他，觉得他不中用了。他拿起一个大铁盆，走到老婆床前，大力地敲着喊：“赶紧起床！”

老婆吓了一跳，慌慌张张起来问道：“怎么了？”老李也觉得自己有点过了，就找补道：“我就是要治治你懒的毛病，人岁数大了，得知道自己要保养身体。你天天晚上玩手机，早晨不起床锻炼，以后身体都垮了，知道吗？”

老婆心细，看出老李这是退休不适症，就是闲得发慌，自己一旦开口很可能就要引发争吵。她比老李早退休几年，知道那种滋味也不好受，就说：“你说得对，我马上起来给你做饭去啊。”

老婆迅速起床，麻利地做好了早餐。她见老李并不进厨房帮忙，只是在客厅里来回踱步，知道他心里那股别扭劲儿还没消散。吃饭时，老婆对老李说：“我给你说个事，你帮我分析分析。我这不是在社区做公益嘛，想要给老年人争取点福利。你觉得我该做点什么好呢？你做过领导，知道该组织谁协调谁。你来帮帮我好不好？”老李一听，眼睛一亮，说：“好啊，这个我在行啊。那咱俩快点吃，一会儿我刷碗，吃完咱俩就去。”

从这一个小片段我们也能看出：这对老夫妻一辈子都很和睦、甜蜜、互相理解、宽容相待。当其中一方产生负面情绪时，另一方会立刻退让，给予对方安慰，并能找到合适的方法，帮助对方从负面情绪中走出来。这才是最温暖的爱，不热烈但稳定持久。

恋爱时总是甜甜蜜蜜，可一旦结了婚，就像神仙堕入凡间，每天都是围绕着柴米油盐和鸡毛蒜皮，分歧和矛盾就像长草一样，漫天增长。有人怪柴米油盐，有人嫌鸡毛蒜皮。但其实所有不良的果，都是因为有一个不良的心态作为因。

当恋爱期大脑分泌的多巴胺迅速减退，彼此给对方戴的滤镜也就碎了一地，看到的都是对方的错误、劣势。一个人带着负面情绪看人，那么即使对方做得对，也会觉得他不够好。这样，感情迅速衰退，彼此逐渐矛盾重重。如果双方都不愿意退一步，都没有修复爱的责任感和信心，那就很容易一拍两散。当代人离婚率居高不下，这就是原因之一。

夫妻虽然是世界上最亲密的关系，但两人都是独立的个体，彼此都有别人无法理解的心灵困境和情绪枷锁。所谓轮流低头，不是无条件让步，而是在对方情绪无法疏解的时候给予包容关爱，为对方提供情绪收益，这才是夫妻相处之道，也是爱最有力量的内涵。

高情绪价值做法一：互相倾听 + 善于提问

能为他人提供高情绪价值的首要条件就是能站在对方的角度理解他，而理解的前提是常沟通。

◎如果另一方说话主动，就要学会倾听。不管对方是发牢骚抱怨，还是指责别人，先不要给予评价，只是认真倾听，努力安抚。等对方情绪平稳后，再说道理。

◎如果另一方说话不够主动，就要学会提问。可以问问对方的工作或某一件事的处理方法，这样才能摸透他的想法。

夫妻之间轮流低头的前提，其实质是在对方情绪不佳时，一定要能做对方情绪的“定海神针”。家为什么不是讲理的地方？因为谁都需要一个发泄的地方。我们包容的是什么？不是对方劣质的品性，而是对方无法疏解的情绪。

经常沟通、学会倾听、善于提问的目的就是要深度了解对方，适当满足对方的需求，巧妙避开对方的执拗。

高情绪价值做法二：尊重彼此之间的差异

夫妻之间也会有思维认知的差异，在非原则问题上，我们要尊重彼此之间的差异。

夫：“你对好姐们儿的定义就是有事没事能常联系？”

妻：“这有什么不对吗？”

夫：“没什么不对，人之常情嘛。彼此常联系，有事的时候才好张嘴啊。”

妻：“我知道好兄弟之间一般只有逢年过节才会聚，但如果谁有事，另外的兄弟都会毫不犹豫地伸出援手。”

夫：“你吃剩的饭直接倒我碗里，我吃过的苹果你就不吃。你这人真是双重标准！”

妻：“我就是双重标准啊。路过卖烤白薯的小摊，我就想着给你买回来，因为你爱吃。路过玩具摊，我就忘了给儿子买。”

夫："哈哈，下次你再往我碗里倒剩饭，我还接着吃，其实你的剩饭最香了。"

这些表达说明的是：虽然我不认同你的做法，但我也不会改变你的行为。当然，你得需要知道我们是不同的，我看到你与我的不同，也会产生好奇、不解或者委屈，希望你能理解我，最好能安慰安慰我。对方接收到这些信号后立刻给予反馈："哦，我明白了，你委屈了，我不会让你委屈的。"如此沟通，又怎么会产生矛盾呢？

每个人的认知和思维都是从小环境到大环境的集合，没有两个人始终能在一个环境中成长，性格再相似的人都会有认知和思维的差异。夫妻之间日常相处就是鸡毛蒜皮，如果能互相尊重差异，那么就能和谐相处。

高情绪价值做法三：冷静处理大矛盾

即使夫妻双方都很宽容，也能互相尊重，但有时还是会遇到不可调和的大矛盾，这时候就要学会冷处理。

夫：别逼着孩子学习了，把孩子逼坏了更糟糕。

妻：什么叫我逼坏了孩子？你什么意思？孩子如果连高中都考不上，是我的问题？这孩子是我一个人的吗？每次我费尽心血帮他补课，你不但不帮我，反而给我拆台。你是恨我，还是恨孩子？你难道愿意看到孩子将来被社会淘汰吗？

夫：对不起，是我说错了，不是你逼坏了孩子。我觉得你教育孩子真的非常辛苦。我和孩子都要向你表示感谢。我只是想让你给孩子一点点休息时间。不过你可能有大规划，你先冷静一下，我们慢慢讨论这个问题。

在处理重大分歧时，夫妻双方应避免对立辩论，更不要相互指责，而应采取冷静沟通、求同存异的处理方式，这样，不但可以维护家庭关系和谐，还能用更客观的方式来解决矛盾。

解锁情绪价值新内涵

我们对包容的理解通常就是自己退让，有些人会觉得不公平，为什么明明我是对的还要退让呢，难道我注定就得是那个受伤害的人吗？其实不是，退让的目的是站在更宽的视角、更高的维度来解读一个人、一件事。

我们在刑侦剧里通常会看到这样的情境：某个人面目可憎，做了一件恶事。但经过认真调查、详细分析后，才发现这个人竟然是一个好人，做这件恶事的动机也是出于善意。日常生活也是如此，单纯看一个人一件事，就很容易忽略重点，反而可能会伤害到这个人的善意。

夫妻之间轮流低头就是这个道理，我们都是彼此生命中最可依赖的人，也许在某件事上对方正在无理取闹，但请别忽略他在另外很多事情上对你的温柔呵护。我不只看到你的错，也能看到你的情绪不好，我能接纳你的错，安抚你的情绪。因为我们是一体的。

就像老师在课堂上还会安慰答错的同学：“没关系，一次错误不代表你永远不会。”夫妻之间一定要记得常说这句话：没关系，这一次我来低头。

人都有洞穴期，允许他独处

日常生活中，你有没有这样的情绪时刻：谁都不想见，什么事都不想做，只想静静地发呆，看着时间缓缓流逝？这就是洞穴期。洞穴期就像动物冬眠一样，是我们每个人都需要的一段自我疗愈和充电的时间。

如果家里有人进入了洞穴期，千万不要一厢情愿地去拉他出来，带他玩，跟他说话。你以为这是在给他提供高情绪价值，实际上对他来说，这是打扰。目前他只是需要安静，卸下所有的负担，清洗所有的烦恼。你这样的做法，实际上就是在增加他的情绪成本，会让他变得非常不耐烦。洞穴期的他，最需要的就是独处。

>> 情景剧

丹丹是一个性格活泼的女孩子，但这段时间她一下班就躲进自己的房间，晚饭也不吃，妈妈想给丹丹送点水果，但她锁了门，还含含糊糊说自己睡了，早晨还没等爸妈起床，她已经开车走了。

恰好这段时间，丹丹妈有个朋友的女儿失恋了，另一个朋友的女儿还被诈骗了。妈妈听的糟心事太多，就非常担心女儿是不是也遇到了什么不如意的事。爸爸一开始还安慰妈妈，但当天晚上丹丹没回家，打电话也不接，这时爸爸也慌了，打电话给丹丹的一个同事，对方说她出差了，爸爸这才放下心来。直到很晚，丹丹才给妈妈发了一条微信，只写了两个字：出差。

妈妈还是觉得丹丹有点不正常，以往她出差都提前告诉父母，而且会说明去了哪，待几天。第二天一早，爸爸妈妈又给丹丹打电话，唠唠叨叨说了半天。丹丹还没睡醒，就有些不耐烦，说道："能不能不要这么烦？"说完就挂了电话。

妈妈既委屈又担心，左想右想还是放心不下，就忍不住到处打电话询问丹丹的情况，她给丹丹的同事打，给丹丹的弟弟打，给和丹丹经常聚会的表姐打，甚至还给丹丹原来单位的一个组长打。

很快，丹丹就知道了，她忙打电话给妈妈："妈妈，您别担心我了。我能有什么事？我这段时间就是太累了，有点烦，就想一个人待着。今天正好出差，公司给了我半天的假期，我就想放松一下。放心吧，我没事。"

人生就像上紧了发条的钟摆，每个人时时刻刻都在往前奔。

可谁都不是铁人，总有疲惫到扛不住的时候。这时候不需要任何外力帮助，只需要独处放松。一个安静的环境往往就是治愈良药。

常见误区

有些人能在独处中治愈，而有些人只是在独处中逃避。有些事能通过独处自行处理，有些事一个人扛下只会让事情越来越糟。所以，我们必须要分清哪些时候可以让人独处，哪些时候必须和家人在一起，大家共同面对。

有些人清醒、乐观、内心强大，还有较好的价值观，当他们需要独处时可以相信他们。与之相对的，那些喜欢钻牛角尖的、一遇到事情就叹气的人，他们的独处往往是在逃避。

有些人只是工作太累，需要好好休息，这时候需要给他们独处的时间，特别是一定要给他们充足的睡眠时间。与之相对的，有些人遇到事了，根本睡不好，但害怕家人担心，就一个人闷着，他们独处后会更加憔悴、疲惫、没有精神。

有些人天生不喜欢纷争，遇到矛盾后也不愿意四处说，但他们有自己的治愈办法，如读书、写字等。这时候可以让他们独处。与之相对的，有些人老实笨拙，被人欺负了好久才能想明白，却又不敢和家人说，他们要是独处，一定要想办法把他们拉出来。

总之，要给家人独处的时间，但一定要掌握好分寸。

高情绪价值做法一：理解 + 不打扰

所谓理解，就是我知道你的确需要独处来治愈自己，然后才是不打扰。

◎不要喊她吃饭了，先让她睡一会儿，她就是太累了，一顿饭不吃没事的。

◎好多道理都摆在这了，他这么大怎么会不明白，只不过需要自己去理清。我们别打扰他，让他自己慢慢想想。

人生就像飞驰而过的列车，每一件事就像路边的风景。有些风景，需要停下来慢慢品味。人如果一直处于匆匆忙忙的状态，很容易随波逐流，逐渐失去自我。只有敢于按下暂停键，重新梳理人生，才能更好地规划未来。

高情绪价值做法二：理解 + 不催促

独处不仅是让自己静下来，还是让自己慢下来。

◎她不是扔下工作去旅行，也不是不顾未来的人。她只是需要理清思绪，想明白自己到底要什么。

◎你相信我，我儿子不是那种不负责任的逃婚者。他只是一个人生活了那么多年，现在忽然要换一种生活方式，他还没做好心理建设。哦，你看，他开机了。他给我发来一条微信：亲爱的爸爸，我只是看了太多离婚的事，有点害怕婚姻。不用担心我，我马上回来。

慢下来，有时候是调整思绪，重新规划路线。有时候就是换一个姿势，积蓄力量。有一句话说得好：磨刀不误砍柴工。适当的独处之后，人会变得更精神，更有力量面对人生的各种挑战。

解锁情绪价值新内涵

在人际交往中，高情绪价值往往意味着能够带给对方积极、愉悦的情绪体验。但有时候，过多的言语或行为可能会让对方感到压力或不适。即使从旁观者的角度看，我们的行为无可挑剔，但只要当事人感受到不适，那么无疑我们还是给对方带来了情绪成本。

这时候，反而是什么都不做才能提供高情绪价值。这就像绘画、书法、诗词里的留白，适当的沉默反而是更有力量的支持。

当然，这并不是说要漠然视之，而是要在深刻理解的基础上，即在对方需要独处并且也能够在独处中实现自我治愈的时候，不打扰，不催促，只是在远处陪伴，给他创造一个安全、舒适的空间，让他感受到被理解和被接纳。

最深沉的爱，就是你需要时我能立刻出现，你不需要时我能忍住不见。

唠叨的爸妈，要的只是倾听

身份有时候真的是一个很奇怪的东西，很多人为人子女时最讨厌爸妈唠叨，可一旦为人父母后，又会忍不住唠叨。天下大概很少有不唠叨的父母，他们觉得孩子的任何事情都可以拿来唠叨。

孩子爱学习，他们唠叨不要太累了，要注意劳逸结合，得休息；孩子不爱学习，他们唠叨着未来社会竞争那么激烈，你得努力啊；孩子喜欢社交，他们唠叨不要整日往外跑，交朋友得有选择，坏朋友碰不得；孩子不喜欢社交，他们也唠叨，你得出去交朋友啊，不然以后怎么适应社会生活……

孩子小的时候，父母唠叨，我们可以理解为谆谆教诲，毕竟小孩子单纯、贪玩还爱忘事，需要父母在旁边提点、指导。但很多人已经工作了，只要和父母一起生活，就还得听他们的唠叨。比如，秋裤问题以及过年催婚问题，就是全国父母最普遍的唠叨话题。

>> 情景剧

果果一直在外地工作，她习惯于一个人安静地生活，就连春节都不想回家。爸爸妈妈非常想念她，一再嘱咐她，过年必须回家，否则他们俩就到果果所在的城市过年。果果无奈，只好收拾行囊，回故乡过年。

但让果果没有想到的是，刚下飞机，就迎来了父母的“轰炸”。爸爸说：“你呀，还故意不告诉我们俩你回来的时间。你以为你不告诉我们，我们就不知道了吗？嘿嘿，这就得夸夸你妈妈了，她给你打电话，你关机，她就和你那个小助理通了电话，这才知道你今天回来。”

妈妈：“从机场到家这么远，打车又不方便，我和你爸在家也没什么事，来接机不是正好的事。你还不告诉爸妈？你看，这世界上也只有你爸妈最关心你，在不断给你制造惊喜。”

果果十分无奈，只好感谢爸妈。

回到家，天色已经很晚了，果果想回房间休息，但爸爸妈妈一直拉着果果问长问短，问她工作怎么样，问她打算在哪里买房，问她能不能回到故乡找份工作，又问她找男朋友没有。

果果耐着性子回答了好半天，最后实在忍不住，不禁说道：“这么连番轰炸，是怕我招得不够多，还是怕我招得不够真？”

妈妈忙笑道：“对对对，先让果果休息，明天再聊。唉，这也怪你，谁叫你平时都不和我们打电话，好不容易见上一面，可不得先问个够。好了，你先睡。哎，这件睡衣好怪异哦，不像是你的风格，是不是有新情况？”

果果实在不耐烦，将爸爸妈妈推出了房间。

果果总算是睡了一个安稳觉。可等她从房间里出来，爸妈又开始了新一轮的轰炸。这回，两个人还产生了分歧，爸爸要带果果去自己老友家，据说老友的儿子回来了，而妈妈要带果果去二姨家，因为二姨手里有很多优秀未婚青年资源。

果果真是无语极了，她问道："你们不是希望我能经常回来看你们吗？如果我结婚了，那就得分出好多时间去婆家，过年也得在婆家过，那你们怎么办呢？难道还到婆家去吗？"

爸爸想了想，说："所以，其实你也不用急着嫁人。但是既然你回来了，就总是需要见见亲朋好友嘛。"

果果不耐烦道："知道我为啥不想回来吗？我最烦你们把我当成交际工具，今儿带我去这儿，明儿带我去那儿。"

大多数父母的唠叨里，都是满满的关心和慈爱。子女们之所以会觉得烦，是因为父母喜欢不断重复同一个观点，而且有些道理跟父母讲不通。父母唠叨久了，就会明白一件事，子女们不会按照自己的唠叨做事。但他们还是会忍不住唠叨。为什么呢？因为他们不想和子女断了沟通，所以在以一种不怎么高明的方式吸引子女的注意力。

子女大多是经过父母的教育和指导长大的。但当子女成年，父母能给予子女的指导越来越少，这会让他们感觉非常无措，不知道该怎么维系和子女之间的关系，于是只能延续以往的习惯，不断地用自己认为对的事来唠叨子女。

作为子女，需要做的只有一件事，那就是倾听。

高情绪价值做法一：带着耳朵不带着心地倾听 + 爱心表达

有些父母唠叨中还有指责、抱怨，对于这些，子女可以带着耳朵不带着心地听 。

◎今天嫌我啰唆了？要没有我天天耳提面命，你怎么能有今天的成绩？

◎你对抗心理怎么那么强？我说这也不对，说那也不对，到底怎么才对呢？

◎你是真的不知道谁才是对你最好的人！你别以为在年轻人中间流行的就都是对的。你别忘了，你爸妈也是从年轻时候过来的。我们不知道什么是年少轻狂吗？你老过吗？啊？你知道什么是老谋深算？那是走过多少弯路才磨炼出来的。苦口婆心劝你，还不是不想让你吃苦上当。

面对上面这样的抱怨、指责，我们可以用一句话解决："您说得对。要不我怎么永远爱您呢。"

父母和孩子生活在不同的时代，接受的是不同的教育，为人处世的方式大多差异很大。千万不要想着和他们讲道理，因为基本没有融合的可能。我们没法听父母的话，不妨试试用"是是是""对对对”来敷衍。

当然，敷衍会给他们造成情绪成本，但这种情绪成本总比对抗讲道理要低得多。加上表达爱的话，可以有效降低情绪成本。时间久了，父母就会知道彼此说不通，于是他们会很气愤地说一句：“你爱怎地怎地，我不管了。”这时候虽然很无奈，但基本上就表示能接受彼此的差异了。

高情绪价值做法二：听一半话

父母的话里总有一些正确的道理。稍用点心过滤着听，我们就能找到那些对的。

◎老爸您那句话说得太对了，越是年轻人越应该注意保养，不熬夜，吃早餐。我保证一定听您的话！啊，那个什么？另外的事咱们再商量！再商量！

◎妈妈，咱俩各让一步好不好，我以后每个月都回来一次好不好？但您不要催婚了好不好？

父母的唠叨里通常会有很多内容，有要求，有建议，有见解，他们喜欢毫无保留地一股脑儿打包输送过来。这时候，我们就可以选择一种自己能接受的满足他们的要求。这样，他们会觉得自己对孩子还是有用的，孩子还是能听自己的话，这会给他们带来很高的情绪价值。

高情绪价值做法三：用父母说的事和父母一起闲聊

父母的话那么多，肯定会有一些别人的趣事、“八卦”。

◎你说啥？表妹结婚了？哇！她什么时候谈恋爱的，我都不知道，快跟我说说。

◎爸，不会吧，您哥们儿的儿子都已经创业成功了？他小时候天天拖着鼻涕跟在我后面呢！他做什么生意了？

把话题放在别人身上，双方的矛盾自然会搁置。通过转移注意力的办法，既消除了彼此的隔阂，还能通过闲聊来提高父母的情绪收益。

解锁情绪价值新内涵

父母与子女之间的关系是世界上最长远的关系。时光流转，见证着彼此认知的不断变化。一代人逐渐老去，新一代人正在茁壮成长，如同长江后浪推前浪。父母与子女之间有最深厚的爱，却也伴随着难以调和的矛盾。

作为子女，或许难以用简单的顺从为父母提供高情绪价值，这就需要另辟蹊径来表达爱意。或许父母最初期待的是子女听话，但当彼此观念上存在差异时，父母对子女的需求就会变为维系那份温馨的亲情。

因此，我们可以选择以稍显敷衍但又不失敬意的方式来“应和”。对于那些话中有理的部分，我们表示顺从。我们也可以用父母提及的趣事与他们一同闲聊，共同分享生活的点滴，给他们带来情绪上的满足与愉悦。

其实父母一般都很好哄，就看我们用不用心。

当弱者，成就孩子的强者梦

很多大人可能都觉得童年时期十分有趣，但小孩子们却不这么认为，他们以为成人的世界更有趣，因为成人没有父母、老师的管束，成人可以“行走江湖”，可以实现各种梦想。

有些小孩子觉得，只有成人才能做强者，只有成人才能做英雄。比如，能探索宇宙奥秘的宇航员，能将人从死神手里抢回来的医生，可以站在讲台上讲课的老师。孩子的想法自然浅薄，但因羡慕成人而有的强者梦、英雄梦却值得我们守护。

>> 情景剧

麦贺自小就想做强者，他喜欢奥特曼、漫威英雄和侠客。爸爸给他买了好多冲锋枪之类的玩具，他喜欢设假想敌，有一次用弹弓把邻居家小妹妹的脸都打肿了。

妈妈没收了他的“武器”，告诉他：“你这不是英雄，也不是强者，你这就是恶霸。哪个英雄像你一样，不是去保护人，而是去伤害人？”

麦贺不理解，哭着找爸爸告状。爸爸问他："你想知道真正的强者都是怎么做事的吗？"麦贺回答说："想。""那周末我带你去公园里做真侠客好不好？"

周末，爸爸领着麦贺到公园里去玩。爸爸说："从现在开始，请允许我为我的英雄命名，你就是麦贺战神，是最强大的武士。当我发出救命指令时，请麦贺战神守护我。"麦贺很高兴，等待爸爸的命令。这时，爸爸看到一个小女孩的气球飘远了，于是说："麦贺战神，我们地球人中有一个小孩子的气球飘远了，你愿意帮她找回来吗？"

"麦贺战神出发。"麦贺三步并两步跑过去就揪住了带着尾巴的气球，然后非常礼貌地还给小女孩。

爸爸笑着说："伟大的麦贺战神，地球人永远拥护您，永远尊敬您。啊，怎么办，那位老爷爷的乒乓球跑远了，麦贺战神……"

话还没说完，麦贺已经跑去捡乒乓球了。

父子俩就这样一路走，一路"守护人类"。麦贺开心极了，晚上回家，他对妈妈说："妈妈，我知道什么是英雄了，英雄是战士，但更是守护者，只有会守护人的战士才是强者。我以后会好好守护妈妈。"

爸爸的这种做法就是最美好的教育，没有一字训斥，而是让孩子开心快乐地游戏。孩子虽然一直在做任务，但却以他最喜欢的身份，以他最热爱的方式来完成任务。在完成任务的过程中，孩子的身心都得到了锻炼、成长。

教育孩子是一项艰难的任务，要依顺孩子的天性，根据孩子的喜好，巧妙地顺势而为，让孩子在愉快、舒适的体验中自然而然地领悟道理，让他们自主成长。这样，教育就会又轻松又愉快。

高情绪价值做法一：让孩子当父母

父母是孩子最常模仿的人之一。

孩子："今天由我来做一天爸爸妈妈。你们俩都是我的孩子。"

妈妈："太好了，孩子现在想喝水了，怎么办？"

孩子："等着，妈妈给你拿水去。"

爸爸："孩子现在想要玩，没人陪怎么办？"

孩子："孩子乖，等爸爸给女儿送一杯水过去，就来陪你哦。"

模仿成人几乎是所有孩子的共同特点，而孩子们最热衷模仿的对象往往是他们的父母。由于父母与孩子相处时间最长，孩子们经常目睹父母的诸多强大之处，因此会在羡慕中不自觉地模仿父母。

很多父母在教育孩子时会巧妙使用和孩子互换身份的方法，让孩子做父母，让他体会做父母的不易。孩子在模仿成人的过程中，不但会学会照顾人，增强责任感，还能和父母产生共鸣，知道父母平时教育自己那些话里真正的含义。

让孩子当一天大人，给孩子提供的不只是当天的情绪价值，还能营造长远的情绪收益，因为孩子能学会感恩，愿意试着去理解父母。

高情绪价值做法二：让孩子当老师

老师是孩子学习生活中的重要指导者，在孩子小小的心灵中，老师是高高在上、永远正确的楷模，他们因羡慕而乐于模仿老师。

妈妈："老师，这道题该怎么做呢？"

孩子："让老师看看，哦，这个先计算括号里的，然后再算其他的。我给你一点点讲，你要认真听啊。"

孩子："同学们都注意了哦，我们看看爸爸同学这个做法有什么错误？对，他使用了不礼貌词语。记住了哦，我们都是文明小少年，千万不要使用不礼貌词语哦。"

爸爸："谢谢孩子老师的教导，我记住了。"

大多数人都倾向于教导他人，而不愿被他人训导。让孩子充当老师的角色，而父母则成为他的学生，这能给予孩子一种自豪感与满足感。在训导学生的过程中，孩子也会不自觉地自我检验并修正错误。

在日常生活中，许多父母会采用让孩子做老师的模式给自己讲题，这不仅能够培养孩子的自主学习能力，还能增进亲子间的互动与交流。

解锁情绪价值新内涵

孩子的强者梦往往源于对成人的模仿。他们崇拜着父母的强大，模仿着老师的智慧，希望通过这种方式来寻找自己内心的力量。这种模仿不仅是对成人世界的向往，更是孩子内心情感的一种寄托和表达。给孩子当大人的机会，让他体验那种高高在上的自豪感和愉悦感，有助于他站在成人的角度思考问题。

圆孩子的强者梦，其实就是引导他们学会换位思考，更好地理解父母、老师等一直教导他的成人的情绪和需求，理解他们的关爱。这不仅可以培养孩子的责任心、上进心，更能培养他们的同理心和感恩心，在情绪收益中收获正能量，学会为别人贡献高情绪价值。

在妈妈和老婆中间只传好话

自古婆媳关系便是一道复杂的难题，双方往往因生活习惯、观念差异等产生摩擦。而在这中间，老公的角色至关重要。他既是儿子，又是丈夫，能够以其独特的视角，去平衡两边的关系，化解潜在的矛盾。一个明智的老公，能够在婆媳之间搭建起一座沟通的桥梁，使双方能够相互理解、相互包容，从而营造出和谐融洽的家庭氛围。

>> 情景剧

美琪和潘顺结婚不久，就发现婆婆说话尖刻，不好相处。美琪性格温和，不善言辞，她一直很担心和婆婆相处不好。但让她没想到的是，婆婆很少找她的碴儿，而潘顺也非常宠她，因此她觉得日子过得很好。

有一次，美琪和潘顺一起逛街，走到拐角处，正看见婆婆从另一家店铺出来，她刚要迎上去，就发现婆婆的脸一下子拉得老长。美琪纳闷，回头看潘顺，只见他双手拎着大包小包，额头渗出大滴的汗珠，而美琪手里正捧着一杯奶茶美美地喝着。

潘顺也看到了妈妈，马上将手上拎着的东西都卸下来，跑过去，悄悄在妈妈耳边说了两句话。美琪眼见婆婆的脸瞬间阴转晴，嘴角还微微翘了翘。美琪赶紧过去打招呼。婆婆说："美琪啊，谢谢你费心了。你不用总是考虑我，你们年轻人要闯荡世界，需要更多的资源……"

潘顺却忙拦住妈妈，说："嘘，妈妈，我刚说什么来着，你怎么说出来了？"他又从兜里掏出一张票："本来还想到家给您呢，看您这个急性子，算了，在这就给您吧。这是美琪托她同事的关系弄到的戏票，位置可好了。美琪一共弄了两张，您需要找个伴儿一起去。张姨不是一直说弄不到这票吗，您要不要找她去？"

美琪眼见婆婆眉开眼笑地看着儿子："你说得对，你张姨啊又得羡慕啦。她为了这张票那是弄得鸡飞狗跳的，结果我儿媳妇轻而易举地就给我弄来两张。哈哈。美琪，谢谢你哦。回头妈妈给你准备谢礼哦。"

这票的事美琪毫不知情，她看了一眼潘顺，只见潘顺朝她眨眨眼睛，美琪只好顺势对婆婆说："别别别，您高兴就好。"

潘顺三言两语打发走了老妈。又过去拎起大包小包，准备去下一个店铺。美琪却拉住他，问道："像买票这样的事，你不止做过一件了吧？"潘顺笑着装傻："什么？"美琪说："你一开始在妈妈耳边说的不是票的事吧？"潘顺说："放心，我们娘儿俩没说啥大事。”美琪说：“你一直在维护我对吗？我想知道，你除了用我的名义给妈妈买了戏票，还买了什么？”潘顺说：“美琪，我，我那个，我其实就是想维护你们俩之间的关系。其实我妈这人很好哄，我也没花多少钱。我这人很会说好话的，我说你一直很尊敬妈妈，干啥都惦记着妈妈，我妈妈就很开心。”

美琪见潘顺误会了，忙说：“我不是嫌你花钱，我是觉得你对我和妈妈太用心了。我特别感谢你。”潘顺笑了：“那不是我应该做的吗？你们俩都是我亲近的人，哄好你们俩是我义不容辞的责任。”

婆媳纷争历来是家庭中的一出经典大戏。每当这两个女人之间出现矛盾，最为难的无疑是夹在中间的那个男人。

但能解决婆媳纷争的最佳人选，还就得是这个夹在中间的男人。有些男人特别擅长维护双方的关系，他们懂得巧妙平衡，当着妈妈的面，会夸赞老婆如何体贴入微，能为婆婆着想；而当着老婆的面，又会称赞婆婆如何善解人意，能照顾媳妇的想法。这样两边都讨好的做法，往往能有效化解婆媳之间的紧张氛围，让家庭更加和谐。

但也有一些男人粗枝大叶，思维不够敏捷，情感不够细腻，往往难以理解婆媳关系的微妙之处。他们在说话和做事时，不但未能有效调和双方关系，反而不经意间就会引发矛盾。

常见误区

有些男人说话不经思考，张嘴就说。

妈妈："我今儿给你媳妇买了一件衣服，但我回来看见她衣架上挂的衣服的尺码，感觉我好像买小了。你跟她说，如果她穿着不合适，这件就给你妹妹，我下次再给她买。"

儿子转身跟媳妇说："我妈买了一件衣服，不过她说估计你胖穿不了，你先穿看看，穿不了那就给我妹妹。"

媳妇："你妈啥意思？给你妹妹买衣服就买吧，还绕一圈上我这故意寒碜我，嫌我胖是吗？"

儿子："你嫌小就不穿呗，哪儿那么多事啊？给你买衣服还买出错来了？"

媳妇："这是给我买的衣服吗？要是给我买衣服为啥不按照我的尺码买啊？"

儿子："你这人怎么这么矫情啊？"

这个儿子哪里是在传话，这分明是在挑拨离间啊！关键是他还不自知，还认为是自己老婆在无理取闹。遇到这样的中间人，婆婆媳妇直接沟通可能效率会更高，家庭会更和谐。

高情绪价值做法一：多给双方脸上贴金

就像案例里一样，平时在妈妈面前，以老婆的名义孝顺妈妈；

在老婆面前，以妈妈的名义理解老婆。

◎这卡里钱不多，是我妈专门给你的。她也是女人，比我心细，知道你又要顾家又要忙工作，很辛苦，希望你不要累着自己，多买点好吃的犒劳自己。

◎妈，这是您儿媳妇出差从国外带回来的化妆品和保健品，据说效果特别好。她还专门问了保健医生，这个保健品是专门按照您的身体状态调配的。

这样的维护就像给双方都加上了滤镜。这样婆婆媳妇相处时，即使偶尔有一些看不惯的事，排斥情绪也不会那么强，相互之间都愿意试着理解对方。婆媳之间和睦，儿子的日子才能过得顺心。

高情绪价值做法二：有矛盾时背后多下功夫

婆媳之间若出现矛盾，当面调和固然重要，但更需在背后付出努力，以求更好地巩固关系、化解隔阂。

◎您儿媳妇早就知道您腿疼，她不想您太劳累，所以才不想让您带孩子。

◎老婆，我妈一直觉得你太辛苦了，总想替你分担一点。但她也知道带孩子涉及教育，怕老一辈的教育方法不合适，所以就想着看你的安排。你要是愿意，周末就可以让孩子跟着我妈去玩半天。

他要做到能替双方着想，让每个女人都感觉自己是被对方重视的，是被对方理解的，这样两个女人之间才能主动和解。

高情绪价值做法三：适当装装委屈

不管是老婆还是妈妈，都是世界上最爱自己的女人。看到老公或儿子受委屈，她们都会不好受。

◎妈，您说您这么当面指责我媳妇儿，她受得了吗？她心里不舒服我们家能和气吗？您这是在折腾您儿子我啊。

◎老婆，你每天都在我面前嫌弃我妈。你说我心里能好受吗？那是把我养大的妈妈，你难道是嫌弃我吗？

但这种方法一定要慎用，因为运用不当，很可能会加剧婆媳之间的矛盾。在沟通时，必须掌握好分寸和技巧，既要表达出对双方的关心和理解，又要避免触碰到敏感话题，以免引发不必要的争执。

解锁情绪价值新内涵

婆媳二人因为同一个男人而相识，在此之前，她们各自生活在不同的环境中，自然对世界有着不同的理解，难免会有相互看不惯的地方。对于日常生活中的鸡毛蒜皮，心胸开阔的人或许能够一笑而过，但遇到重大的问题，矛盾就可能一触即发。这时候，夹在中间的这个男人的做法就显得尤为关键。

我们应充分发挥使者的角色，给婆媳双方都营造幸福快乐的体验，让她们觉得自己是被另外两个人尊重、理解和关爱着的。在此过程中，我们可能会承受一些委屈，但换来的却是家庭的安稳与和睦。家和万事兴，我们最终自然能享受到更大的情绪收益。

各退一步，姑嫂也能如姐妹

姑嫂关系是继婆媳关系之后的又一个家庭矛盾点。有些小姑子好挑事，挑拨婆婆和媳妇之间的关系，干扰哥嫂之间的和睦，把家里闹得鸡犬不宁；有些嫂子心胸狭隘，不是担心小姑子会分走利益，就是希望能够占点小姑子的便宜。这些也许是特例，但不可否认的是，普通姑嫂之间也有摩擦和矛盾。

>> 情景剧

在结婚度蜜月期间，芸芸就开始讨厌小姑子桐桐。人家度蜜月都是夫妻俩一起，芸芸的蜜月是和老公骏骏兄妹俩一起度过的。芸芸的公公婆婆明确指示骏骏："桐桐好不容易有机会出去转转，你要照顾好她。"芸芸很无奈，桐桐已经是个成年人了。芸芸和老公商议，能不能在其他时候带桐桐出去玩。骏骏则一直强调桐桐不会影响他们。芸芸有些委屈，但也不好再说什么。

在旅游期间，桐桐更是大耍大小姐脾气，早晨怕冷让哥哥给自己备上厚衣服，中午怕热让哥哥给打伞。芸芸发现自己才是那个多余的人，因此，蜜月没度完就自己一个人回家了，回家就提出了离婚。

骏骏这才慌了，连忙去找芸芸。芸芸说："谁还不是家里的小公主了，闹脾气的事我也会做。"说完，就再也不理骏骏了。公公婆婆也慌了，只好让桐桐去给芸芸赔礼。

桐桐生气地去找芸芸，质问道："你为什么要离婚，难道就因为我跟着你们度了个蜜月吗？"芸芸回答说："是的，因为你们家界限不明。我刚进门，你就能跟着我们度蜜月，那我以后柴米油盐，你是不是都要参与？我嫁的是你哥哥还是你啊？同样是女人，你自己也有男朋友，也有小姑子，马上也要结婚。你自己想想，如果你小姑子也跟着你们去度蜜月，你心里会怎么想呢？"桐桐哑口无言。

之后，骏骏全家齐上阵，频频示好，再加上骏骏一直在旁边软磨硬泡，芸芸终于打消了离婚的念头。

其实接触多了，芸芸发现，公公婆婆就是有溺爱孩子的毛病，其他价值观还算正确。桐桐这个小姑子就是娇气了点，并不执拗，也不刻薄，在发现自己的问题后，立刻改正。芸芸见桐桐如此，也就不再抗拒，两人时不时也能聊上几句。

一次，桐桐主动聊到未来的婚姻家庭，她真的很担心自己过于娇气不适应结婚后的生活。芸芸真诚地安慰桐桐："你或许娇气，但你最大的特色是能反思，乐于改正自己，这太难得了。"芸芸和桐桐未来的小姑子住在一个小区，为了帮助桐桐，芸芸可没少给她说好话。

桐桐还是很娇气，芸芸也还是很有主见，不过，从那以后，两人一直和睦相处。

姑嫂之间有各自不同的立场，但也有相同的特点和身份。两人都是女人，结婚后可能都会遇到一个人和另一个家族之间沟通的问题。因为有着相似的情感体验和人生经历，所以更容易产生共鸣和理解。

如果姑嫂双方都能保持开放的心态，尊重彼此的差异，乐于各退一步，不过分干扰对方的生活，并努力寻找共同点，她们就可以通过坦诚的交流、倾听对方的想法和感受、寻求共同利益等方式来增进彼此的理解和信任。

常见误区

有些人以为退让就是无条件迁就或者单方面退让。

◎小姑子：“嫂子，你会不会教育孩子啊，连基本的礼貌都不懂。我来了都不知道让孩子给我倒杯水吗？难怪孩子这么不好管。我爸妈小时候可不是这么教我的。”

嫂子听完非常生气，但她不想多生事端，心想：“算了，我不想和她吵架。”

◎嫂子："你凭什么不上班，还要出去旅游？你不上班哪里来的钱，花的是不是你爸妈的养老金？你别忘了你爸妈还有一个儿子、一个孙子，要啃老也轮不到你。"

小姑子不想惹嫂子，怕惹爸妈心烦，于是忍气吞声。

这世界上有很多自私自利的人，他们只会考虑如何对自己有利，而不会去替对方着想。还有一些人是直性思维，喜欢站在自己的视角看所有人。对于这样的人，退让其实就是让矛盾越积越深，直到最终爆发。所以，退让要有度，且应当是双向的。

高情绪价值做法一：划清界限

姑嫂之间是一家人不假，但两人各自独立，在很多事情上都应该划清界限。

◎虽然他是我哥，但现在他是你的老公。虽然我和我爸妈都特希望我哥换个工作，但我尊重你们俩的选择。

◎咱们家并不富裕，我也想让你爸分一些财产给我们。但那是你爸的财产，他愿意给你妹妹，我们没有权利阻止。

很多姑嫂之间的问题就是认为彼此管得太宽。一个觉得凡是涉及自己的爸爸、妈妈、哥哥、弟弟，自己就有发言权，就能指导别人做事。一个觉得那是自己的公公、婆婆和老公，那是自己的家，自己才是正经主人，才是主事人，任何人参与都是在和自己过不去。

界限分明，不光是你的日子你做主，我的事情我来处理，还应该是属于别人地盘的利益和职责自己无权干涉。只有做到彼此不纠缠，在该退让的时候才不会变得很艰难。

高情绪价值做法二：尊重夫妻关系和兄妹关系

小姑子要尊重哥哥和嫂子的夫妻关系，嫂子要尊重老公和小姑子的兄妹关系。

◎那虽然是我哥我嫂子，但他们俩闹矛盾，我们可以劝和，但不能掺和。对于夫妻之间的事，外人谁掺和都不对，都很可能会让矛盾加深。

◎我是觉得她有点“作”，但那是我老公的妹妹，她到底是受了委屈，她哥哥替她出头，我也没话说。

相互尊重不仅能够避免过度干涉对方的问题，还能促进双方在必要时做出适度的退让，从而共同维护家庭和谐。

高情绪价值做法三：适当损失自己的利益支持对方

嫂子和小姑也是相对长远的关系。如果双方都能在对方遇到困境时适当舍弃一些自己的利益，必然有助于关系的稳固与和谐。

◎咱们家这么小，多加一个人会更拥挤。但那有什么办法呢，小姑离婚了，我作为嫂子，总不能让她睡大街。

◎嫂子坐月子，哥哥偏偏又出国了。虽然有月嫂，但我怕照顾不周。妈妈身体又不好，不如这样，我去和嫂子做伴儿。

每个人都有遇到困难的时候，若能在对方最需要支持的时候伸出援手，退让一步，就会给对方带来极大的情绪收益。当然，舍弃利益需要有分寸，毕竟我们都有各自的生活，都有各自的为难之处，不能完全为了另一个人而失去自我。

解锁情绪价值新内涵

在任何关系中，适度的退让是必要的，但必须把握分寸。无原则或长期单方面的退让，只会让对方肆无忌惮，甚至觉得你的退让是理所当然的。尽管你当下的退让能够给对方带来高情绪价值，满足他们的需求，但你也需要意识到，这样的退让会在你心中积累大量的情绪成本，反而不利于维护好关系。

家庭成员之间，尤其是姑嫂之间相互交流更是如此，一定要懂得情绪价值的平衡。我为你提供情绪上的支持与收益，自然就会期待你能给予我相应的情绪回馈，或者其他方面的收益。只有双方都能为彼此带来情绪上的满足或者收益时，关系才会更加和谐持久。

会捧场，婆媳就不用互相迁就

婆媳关系在大多数婚姻里都是越不过去的问题。老一辈开明的人常常这样说：要想好，大让小。而善良温顺的年轻媳妇，通常也会采取迁就迎合的方式来处理婆媳关系。这样的态度当然最好，但大多数人都做不到凡事退让。怎么办呢？其实只要相互尊重，学会捧场，可以不用事事讨好，就能维护好婆媳之间的关系。

>> 情景剧

思思和婆婆都是争强好胜的人，但两个人却很少闹矛盾，因为她们都善于给对方捧场。

思思婆婆是村里主要的“信息服务台”，谁家儿子升迁了，谁家女儿要生孩子了，谁家地里的庄稼长得怎么样了，谁家的看门狗被拐走了……她都知道。她还特别爱管闲事，年轻时就是远近闻名的媒婆。现在的年轻人都外出工作了，她这才光荣下岗，但还是闲不住。

思思在电视台工作，做的还是一档家庭调解类节目。她请婆婆给自己找素材，联系一些可以上节目的人和故事。婆婆就开玩笑，说：“肥水不流外人田，既然别人能上节目我为啥不能上呢？”思思不想让婆婆失望，就让她去做观众。婆婆自然也很高兴。

录过两场，婆婆就熟悉了流程。思思发现，婆婆不仅特别善于观察和表达，还特别会给自己捧场。思思讲到某个精彩的地方，婆婆会带头鼓掌；思思想要进行现场提问时，婆婆总是非常积极参与，而且每次回答都和思思设定的内容主题特别贴合，有时还会引人深思。思思简直太喜欢这个婆婆了，决定让她做一次嘉宾，自己给她捧场。

公公听说婆婆要做电视节目嘉宾，有点坐不住了，他对思思说：“一个农村老太婆，她能知道啥？她就是心高，还想做嘉宾？你可别捧她了，弄不好会给你带来麻烦。”但思思说：“我相信妈妈的能力，再说不是有我呢吗？我们娘儿俩出马，那就是婆媳女团，大杀四方！”

婆婆果然不负思思的期望，当期节目特别出彩。婆婆也因此成了村里的名人。但婆婆很清醒。她模仿年轻人的话，风趣地对思思说：“闺女，我不想当什么名人。你啥时候需要我了，正好我也有好故事了，咱俩再约。”

思思抱住婆婆说：“您替我考虑得真周全！”

思思和婆婆双方都是明事理的人，她们知道什么时候该动，什么时候该静。能给对方捧场的时候，绝不含糊；当对方发光的时候，又懂得退避三舍。两个人没有互相讨好，也没有互相迁就，但彼此却都成了对方的“贵人”，能够互相成就。

由此可见，婆媳之间，相互尊重与支持是维系和谐的关键。学会欣赏彼此的优点，并乐于看到对方的成长和进步，只有这样，才能形成一个积极的互动模式，推动关系变得更加紧密和融洽。

高情绪价值做法一：你唱戏，我给你搭台

婆媳本就是一家人，越懂相互扶持，彼此相处就越融洽。

◎婆婆对外宣传：你是不是也觉得我现在嗓门小了？没办法，我家儿媳妇是幼儿园老师，说话太温柔了，我嗓门一大就怕吓着她。那孩子脾气好、有耐心，我们那孙子多淘气啊，在我儿媳妇面前就老老实实的，她说什么都爱听……

◎媳妇对外宣传：“瞧我今天这身衣服漂亮吗？这可不是什么国际大牌。这是我婆婆亲手给我做的，我婆婆这人手巧得很。我和我老公谈恋爱的时候，就很佩服他穿衣服的品位，没想到是我婆婆的手笔。”

婆婆媳妇都有各自想要做成的事，只要不是什么违背家庭和社会原则的问题，当一个人大张旗鼓时，另一个人就为她鸣锣开道。这是支持，是理解，是尊重，是极大的情绪价值。当对方接收到后，会感觉很暖心，愿意以相同的方式回馈对方。

有人可能会说，我看不上她的做法怎么办？她所有的做法你都看不上吗？如果答案是“是”，那你可能要反省自己。总有那么一两件事你觉得对方做得很对，很合乎你的价值观和做事方式，那么不妨从这一两件事上下手。

高情绪价值做法二：在对方的生活圈里给对方打高分

婆媳都有各自的生活圈，如果能帮对方在自己的生活圈中树立好的形象，也是促进好关系的方法之一。

◎媳妇：“张婶买菜呢？哦，我也是，我来买荸荠。我感冒了之后一直咳嗽。我婆婆上次给我做了个荸荠泥，我吃了觉得特别好。”

◎婆婆：“小蔡上班去啊？我儿媳妇还没走呢。她非要给我做点养生汤让我喝，这不就耽误了一会儿。”

谁不希望自己是生活圈中常被人称道的人呢？婆婆若能在媳妇亲友间夸赞媳妇，这无疑会增强媳妇在家庭中的自信和归属感，让她更加珍惜与婆婆的关系，更加努力地做好自己的角色。同样，媳妇若能在对方的社交圈中称赞婆婆的慈爱、智慧和经验，也会让婆婆感到欣慰和自豪，同样也能增进婆媳之间的情感。

需要注意的是，双方应尊重彼此的独立空间，保持界限分明，避免过度介入对方的生活，以免引发不必要的矛盾和冲突。

解锁情绪价值新内涵

捧场给对方带来的情绪收益是显而易见的。首先，被捧场者会感到自己的价值被看见和认可，这种肯定能够极大地增强他们的自信心和自尊心，带来内心的满足和快乐。其次，捧场行为传递出对他人的尊重和支持，能使被捧场者感受到被理解和被关怀，进而产生强烈的归属感和安全感。最后，捧场还能激发被捧场者的积极性和主动性，鼓励他们继续努力，追求更高的成就。

尽管婆媳之间的关系难处，但世界上没有过不去的火焰山。如果你能摸透对方的心理，即使不讨好、不迁就，只要能在几个关键的地方给对方捧捧场，也有助于巧妙地处理好婆媳关系。